基督教與生命關懷

戴東清 著

張序

　　去年初，新冠疫情爆發擴及全球以來，轉眼已近2年，迄今仍未看到落幕曙光。疫情的肆虐不只造成了全球大量生命的消逝，更對人類心靈形成極大的衝擊，人們在惶恐不安之際，若能沈澱反思生命的真諦，探索生命究竟從何而來，又將往何處去，相信是安頓心靈歸宿的最佳良藥。

　　或許是因緣使然，疫情中，我任職學校的生命教育中心鼓勵老師們成立教師社群，期盼藉由社群成員彼此的互動及對話，共同探索生命的意義。為此，我邀集了我院國際系戴東清教授，以及人文學院宗教所羅涼萍教授，共同籌組了「世界宗教與生命關懷」教師社群，除了進行多次的社群討論之外，也請東清教授就「基督教與生命關懷」主題作一專題演講，對基督宗教的起源與分支，包括猶太教、天主教、基督教，以及宗教改革後的基督教各個派別，詳實表述敘說分明。席間，參與聆

聽師生無不聚精會神，歡心領受。

今年5月中旬，台灣疫情陡然升溫，全國各級學校全部實施遠距教學，東清教授北返汐止家中視訊上課，我們例行的校園夜行也無奈暫停。轉瞬，炎夏送走初秋迎來，東清教授相告在近一季的居家歲月中，閉門沈澱反思，感受華人世界對基督教的起源、發展及未來，多數不甚熟稔，同時也對基督教如何看待生、老、病、死及死後世界，以及如何讓活著的生命更有意義等諸多嚴肅議題，極少認真探索，乃深以為憂。

為此，東清教授在宗教使命感的驅使下，借居家歲月潛心寫作，在「基督教與生命關懷」專題演講基礎上，進一步將演講內容擴充深入，完成「基督教與生命關懷」一書，試圖喚醒世人認識基督宗教及探索生命意義的熱情。書中，共分9章，層次分明，從「基督宗教的起源與分支」入手，逐步論述「生命的起源」、「人類的犯罪」、「得著救贖的途徑」、「疾病與苦難的原因與意義」、「每人都有特長」、「死亡後的世界」、「如何走天堂路」、「長存的事物」等諸多重大生命議題。

近日，東清教授賜供專書書稿，告知即將付梓。

我得幸先睹為快，閱後，不得不佩服東清教授的妙筆生
花，將嚴謹的基督宗教及其對生命意義看待的議題娓娓
道來，且信手拈來譬喻生動，相信付梓後，廣大讀者必
然有更深一層的生命體悟。東清教授囑余為之作序，謬
承邀集，闔興乎至，乃援筆略述如上。是為序。

南華大學社會科學院院長　張裕亮

2021.10.30

羅序

　　恭喜戴東清教授，能夠將「基督教與生命關懷」的
演講內容擴充之後出版成專書，讓更多人可以閱讀他的
精彩演講內容。首先感謝戴東清教授，願意於百忙中抽
空進行有關於「基督教與生命關懷」的專題演講，第一
場的專題演講是安排於南華大學宗教學研究所的「世界
宗教專題」課程當中，演講內容相當豐富，讓對於不熟
悉基督宗教的學生獲益良多。因此，在南華大學人文學
院的「生命教育」課程，又邀請戴東清教授進行第二場
次的專題演講，讓學生能夠認識基督宗教的生命關懷與
生命教育的密切關係。

　　非常榮幸能為本書撰寫推薦序，更高興有機會與大
家一起分享戴東清教授精采的主題演講內容。戴教授以
深入淺出的撰寫方式，以及運用聖經內容的故事譬喻，
讓讀者可以瞭解基督教對於生命的起源、生命的歷程，
以及死後世界等生命關懷重要議題的內涵，也讓更多對

於不熟悉基督宗教的讀者，能夠對於基督教有基本的認識，並藉由本書的內容，進而思考生命的意義與價值，以及如何面對生命歷程的終極關懷問題。

　　推薦本書可做為「生命教育」課程的教材，書中提到：「每個出生在地球上的人類，應該都會有與生俱來的使命要完成，愈早明白自身的使命，應該愈能彰顯本身的生命意義」、「也唯有瞭解自己的專長，不是白白來這世界走這一趟，才能夠有健康的自我形象。」說明每個人都是獨特的，每個生命的存在都有其特別的使命需要去完成，能夠自我肯定存在的意義與價值，必定能讓生命活得更加精采。在此，特將其推介給熱愛生命的讀者，共同體會生命之美。

南華大學宗教學研究所助理教授　羅涼萍

2021.10.26

自序

　　在因緣際會的情況下，參加現在服務學校之「世界宗教與生命關懷」的教師成長社群，在社群活動中準備了「基督教與生命關懷」的主題演講。在演講結束後深深感覺應將演講內容予以擴充，俾讓更多對基督教不熟悉的華人，能有機會去思索基督教如何看待生、老、病、死及死後世界的問題，並兼及如何讓活著的生命更有意義的問題。

　　一場新冠肺炎疫情，打亂了原本人們每天習以為常的生活步驟，使得過去理所當然的人與人接觸與連結，變得不是那麼樣的尋常，利用假期至國內外旅行更顯得是種難以下手的奢侈品。究竟人們要如何看待這場突如其來的疫情？過去在歐洲也曾爆發造成大規模人員死亡的黑死病或流行性感冒，但是過去流行疾病影響的範圍，遠遠不及全球化下的今日，衝擊範圍如此地寬廣，全球幾乎沒有一個角落未受到波及。人類能從此次疫情

中學到教訓，進而在面對未來類似變局時，有更好的預防與因應作為嗎？本書或能提供些許答案。

　　本書得以草就並出版，首先要感謝的當然是負責召集社群的召集人南華大學社會科學院院長張裕亮教授，若無張教授出面召集，也就不會有主題演講出現及後續的出版與撰寫推薦序。其次，要感謝南華大學宗教學研究所的羅涼萍助理教授，沒有她的安排，主題演講也無發揮的場域，同樣對羅教授願意推薦本書表達謝意。再次，要感謝負責本書的編輯，若無編輯的辛勞付出，本書亦無機會面世。最後，要感謝的總是在背後默默支持我的家人。

目次

第一章　導論

第一節　基督宗教的起源與分支

　　基督宗教的起源當然與耶穌基督的降生有關，西元的紀元計算是以耶穌降生為界。耶穌降生前為西元前，英文是Before Christ（BC），意思是基督降生之前；耶穌降生後為西元後，拉丁文是Anno Domini（AD），意思是主降生之年(in the year of the Lord)。近年可能是因為原本的西元計算之基督教的宗教意味太強，為避免對其他非基督宗教造成困擾，因此改為公元Common Era（CE），公元前就成為Before Common Era（BCE）。本書因為是討論基督宗教，順理成章地就以西元而非公元來描述紀元。

　　據相關文獻的記載，基督宗教真正的形成是在西元45年，也就是耶穌被釘死在十字架上後（33歲），大

約再過了12年左右由耶穌的十二個門徒逐步建立，所讀經典新約聖經，大約是在西元30幾年至96年完成。至於基督教徒閱讀的另一部分的經典舊約聖經，則遠在基督宗教建立之前即已存在，成書時間大約是在西元前1500年至前400年，記載當時神與以色列百姓之間，以及各王國與百姓之間的互動情形，當時的教派稱為猶太教，延續至今。

迄今在以色列及散居在全球各地的猶太人，信奉猶太教的人數不少，信基督教的猶太人反而是少數。主要是猶太人不相信救世主耶穌已降生在世上，所以他們不讀由耶穌的弟子或門徒所陸續完成的新約聖經，只讀舊約聖經。至於與猶太教與基督教關係均十分密切的伊斯蘭教，創立於西元七世紀，所讀的經典可蘭經，大都是與猶太教、基督教教義及故事有關的內容，作者為先知穆罕默德，成書時間大約介於西元609年至632年間。

伊斯蘭教與猶太教、基督教關係密切，並非因為伊斯蘭教創立晚於上述兩個教派的關係，而是信奉伊斯蘭教的阿拉伯人，與信奉猶太教或基督教的猶太人係源於同一祖先亞伯拉罕。根據舊約聖經創世記第十六章至廿一章記載，神許諾亞伯拉罕會有親生兒子，但是當時其

妻撒拉已年邁，不認為自己仍能生育，遂自作主張要求丈夫與自己的埃及女僕夏甲圓房，產下一子名為以實瑪利，即為阿拉伯人的祖先。夏甲生子後就母以子為貴，反而輕視遲遲不能生育的主母撒拉。

　　大約在以實瑪利13、14歲時，撒拉終於如神允諾地懷孕生子，取名為以撒，即為猶太人的祖先。猶如古代中國皇帝所生的嫡子、庶子之間，彼此為爭奪王位而相殘一般，元配撒拉也擔心以撒雖然是嫡子，但是年紀比哥哥以實瑪利小10幾歲，將來父母離世後，家產可能會完全由以實瑪利及其母夏甲所控制，再加上對夏甲曾有輕視舉動而懷怨在心，遂將夏甲與以實瑪利趕出家門。後來雖因天使介入而使趕出家門未能成局，不過以撒與以實瑪利之間的紛爭就此種下。綜觀今日中東地區猶太人與阿拉伯人紛爭不斷，誰能說不是肇因於當初以撒與以實瑪利嫡庶子間紛爭的延續呢？

　　當然猶太人與阿拉伯人系出同源的證據不僅如此而已，大家所熟知的是阿拉伯人或信奉伊斯蘭教的信徒（如馬來西亞或印尼人）不吃豬肉，較少聽聞的是猶太人也不吃豬肉。主要原因記載在舊約聖經的申命記十四章8節，經文明定：「豬因為是分蹄卻不倒嚼，就與

你們不潔淨。這些獸的肉，你們不可吃，死的也不可摸。」若非系出同源，雙方豈均會認為豬肉不潔而禁食呢？就動物活動的實際情況而言，分蹄的確比較容易有不潔之初物卡在其間，不能不說其實還蠻符合維護食物衛生的要求。

　　基督宗教建立後因為教義產生分歧，而分裂出不少分支。根據周雪舫的研究：西元1054年，基督宗教分裂為羅馬公教與東正教，主要是因為東西羅馬帝國長期教義與信仰不同的關係。東方的教會採政教合一制度，以正統自居，故稱為「東正教」；西方的教會則採政教分離制度，以普世性和大公無私自許，因位於羅馬，故稱為「羅馬公教」。東正教區因政經合一，故君士坦丁堡、耶路撒冷、亞歷山卓、安提阿及莫斯科等教區各自管理其轄區教會，互不統屬；羅馬公教區則以教宗為最高領導人，具有至高無上的權威，明顯是因為政經分離的關係，否則教宗豈能成為教區最高領導人？

　　同樣是根據周雪舫的研究：西元1517年10月馬丁‧路德不滿教宗販賣贖罪券，公開挑戰教宗的權威，展開一連串的改革，諸如「聖經至上」、「人人皆是教士」、「因信得救」等。周雪舫也指出，路德也反對教

會長期提倡的朝聖、苦修、獨身，繁瑣的教會禮儀和神學理論等，鼓勵教徒自己讀經求道，不要依附教會；路德建立了「路德教派」，意味著羅馬公教分裂了，日後又陸續出現「喀爾文教派」、「英國國教派」（聖公會）及從上述教派又分裂出一百多個大小不同的教派。

其實天主教與基督教的分裂主要的癥結，還是在於教義與信仰的差別。因為舊約聖經強調的是只有具備祭司的身分才可以祭拜神，不僅一般人不具備此種條件，即使貴為君王也不行。舊約撒母耳記上十三章8-12節提到，掃羅王因為擔心被非利士人攻擊，而未等候祭司撒母耳到來就擅自獻祭，後來撒母耳來了之後就對掃羅說：「你做了糊塗事了！沒有遵守耶和華你神所吩咐你的命令。若遵守，耶和華必在以色列中堅立你的王位，直到永遠。現在你的王位必不長久。耶和華已經尋著一個合他心意的人，立他做百姓的君，因為你沒有遵守耶和華所吩咐你的。」（撒母耳記上13:13-14）

由此可見，祭司地位的重要性。若是不具備祭司身分向神獻祭，不但原本想要的祝福得不到，反而有失去現在所擁有的後果，豈能等閒視之！演變至天主教的教義，就是一般人無法與神直接溝通，而是必須要透過

神父才能與神對話。這也是為什麼教徒不慎犯了罪，就要到教堂內的小房間，透過小窗口來向神父告解與認罪。基督教的信仰則是按照新約聖經羅馬書五章1節：「我們既因信稱義，就藉著我們的主耶穌基督得與神相和。」說明不再需要透過中介人與神溝通，而是因為耶穌降生而使得人們可以與神直接對話，即「與神相和」。

至於「人人皆教士」的教義，同樣也可以從新約聖經得到答案，彼得前書2章5節：「你們來到主面前，也就像活石，被建造成為靈宮，做『聖潔的祭司』，藉著耶穌基督奉獻神所悅納的靈祭。」所以不需要再透過神父或牧師來獻祭，而是透過耶穌基督的教導，就能奉獻神所悅納的靈祭。至於耶穌基督的教導則已被記錄在新約聖經上，這也是為何馬丁路德要強調「聖經至上」。畢竟神父和牧師也都是人，人就有可能犯錯，否則不會出現販售贖罪券此種與教義不合的行為。

既然基督教教義已經強調「人人皆祭司」，為何還需要牧師這樣的角色呢？新約聖經所提到的牧師、教師或甚至先知的職分，其實都在協助人們與神建立溝通管道，是幫助者的角色，與神父擔任中介者的角色有很大

的區別，畢竟如前所述非藉由中介是無法與神建立溝通管道。基督教經典有舊約聖經及新約聖經，舊約有39卷書，包含創世記、出埃及記、利未記、民數記、申命記、約書亞記、士師記、路得記、撒母耳記上、撒母耳記下、列王記上、列王記下、歷代志上、歷代志下、以斯拉記、尼希米記、以斯帖記、約伯記、詩篇、箴言、傳道書、雅歌、以賽亞書、耶利米書、耶利米哀歌、以西結書、但以理書、何西阿書、約珥書、阿摩司書、俄巴底亞書、約拿書、彌迦書、那鴻書、哈巴谷書、西番雅書、哈該書、撒迦利亞書、瑪拉基書。經學家將之分類為5卷律法書、12卷歷史書、5卷詩歌書及17卷先知書，不同的經學家對於此種分類，或許有差異。

至於新約聖經總共有27卷書，除了記載耶穌生平與傳教歷程的馬太、馬可、路加、約翰四福音，以及福音延續的使徒行傳外，還有耶穌的弟子與使徒記載受神啟示與宣教的經歷，包含羅馬書、哥林多前書、哥林多後書、加拉太書、以弗所書、腓立比書、哥羅西書、帖撒羅尼迦前書、帖撒羅尼迦後書、提摩太前書、提摩太後書、提多書、腓利門書、希伯來書、雅各書、彼得前書、彼得後書、約翰一書、約翰二書、約翰三書、猶大

書、啟示錄。經學家將之分類為救恩論及其教義、基督論及基督位格與工作、教會論及其教義、末世論及其教義。被一般教徒視為最艱澀難懂、也是最後一卷書啟示錄，由於該卷書涉及聖靈的工作，並且有許多的隱喻，所以不易讀懂。不過由於現在資訊發達，許多解經文獻在網路上唾手可得，若真有心瞭解，參考各個解經家的說明後，難度應不致太高。

　　新舊約聖經顧名思義，一為新的約，一為舊的約。既然都是神與人的約定，也就沒有時間限制的問題，亦即沒有已經進入新的約之時代，舊的約就不再具有效用的問題。實際上，只要仔細研讀新舊約聖經，就會發現兩者一脈相承。舊約聖經的以賽亞書第9章6-7節提到：「因有一嬰孩為我們而生，有一子賜給我們，政權必擔在他的肩頭上。他名稱為奇妙策士、全能的神、永在的父、和平的君。他的政權與平安必加增無窮，他必在大衛的寶座上治理他的國，以公平、公義使國堅定穩固，從今直到永遠。萬軍之耶和華的熱心必成就這事。」

　　這位在舊約聖經中要出生的「嬰孩」，以及那賜給我們的「一子」指的就是耶穌，這可與新約聖經約翰福音三章16節：「神愛世人，甚至將他的獨生子賜給他

們，叫一切信他的不致滅亡，反得永生」相互呼應。同樣地，新約聖經馬太福音五章17-18節：「莫想我來要廢掉律法和先知，我來不是要廢掉，乃是要成全。我實在告訴你們：就是到天地都廢去了，律法的一點一畫也不能廢去，都要成全」。由此可知舊約的律法，因為耶穌降生而成全了。此點亦可從新約聖經羅馬書三章31節：「這樣，我們因信廢了律法嗎？斷乎不是，更是堅固律法」，可以得到印證。這可充分說明新舊約聖經，其實具備一體性，是相互成全，而非以新代舊。

第二節　章節安排

　　本書的第一章為導論，主要介紹基督宗教的起源及其分支，包括猶太教、天主教、基督教，以及宗教改革後的基督各個派別。因信奉伊斯蘭教的阿拉伯人及基督宗教的猶太人是糸出同源，有共同的祖先亞伯拉罕，故本章也會略為介紹伊斯蘭教與基督宗教的關聯性。經典是宗教能否永續發展的重要憑據，因此本章也會稍加描述新舊約聖經的內容，以及二者彼此之間的關係。

　　本書的第二章是探討生命的起源，內容包括宇宙是

如何生成的、日月星光如何形成、地球陸地與海洋如何區分、空中的鳥與水中的魚之間的區別、人類與動物如何被創造、男人與女人之間關係等等。舊約聖經創世紀1章1-2節提到：「起初，神創造天地。地是空虛混沌，淵面黑暗，神的靈運行在水面上」。這明顯與宇宙是由大爆炸所形成的學說有異，本章不會進行彼此論點的對話，而是專注於呈現創世記對於上述議題的解釋與說明。

本書的第三章的內容是人為何會犯罪，主要在探討人是在何種情境下犯罪？神對於犯罪之人的處罰為何？人在被神處罰之後的命運如何？原罪又是怎麼回事等等的議題。不論是否為天主教或基督教徒，應該都聽過亞當、夏娃在伊甸園中偷吃禁果的故事，真實的情況究竟如何？本章將透過創世記的經文，提出關於上述的解答。既然人犯罪或有原罪，要如何做才能得著救贖？積功德嗎？若積功德的答案是肯定的，試問要積多少功德才夠？這是本書第四章會涉及的部分。

有道是：「人吃五穀雜糧，哪有不生病的」。換言之，人會生病是因為吃了影響健康之食物的關係，然而除了食物以外，沒有其他因素嗎？「一樣米養百樣人」

雖然是討論德性的層次，不過同樣也在說明同樣的食物對不同人會有不同的效果，例如很多台灣人到了印度，喝飲用水就會面臨腹瀉的問題，然而印度人對於同樣的飲用水卻能免疫。由此可見，不是所有的疾病都與飲食習慣有關，那其他導致疾病產生的因素為何呢？跟疾病因素相關的苦難發生與化解之道，有什麼特別的方法嗎？上述問題則是本書第五章要探討的內容。

第六章是每人都有特長，旨在透過聖經的經文來說明，每個來到這個世界的人們，都帶著某種使命，愈早發現本身的使命，也就愈讓能生命有意義。至於要完成使命，當然要具備某種特長，否則如何能完成使命？因此，使命與專長是一體的兩面。既然每個人都有使命要完成，也具備完成使命的專長，若不善加利用，豈非辜負這趟生命之旅？如何不白白走一遭，甚至白白受苦？第六章或許可以提供部分答案！

不論長壽與否，人類生命最後的終點就是死亡，可是死亡就代表終局了嗎？其他宗教的教義認為死後會有輪迴或進入極樂世界，若進入輪迴的來生成為何種形態，端視此生的表現。不過，基督教的來生與其他宗教有所不同，死後不是進天堂就是下地獄，沒有第三條路

走。決定進天堂或下地獄會會交由死後的審判來決定，這也是第七章要討論的內容。既然死後有審判，要如何通過審判進入天堂？又馬太福音七章21節提及耶穌說：「凡稱呼我『主啊，主啊』的人不能都進天國，唯獨遵行我天父旨意的人才能進去。」是什麼意思？以上問題是第八章如何走天堂路所要解答的。

在介紹第十章的結論之前，本書另闢一章即第九章，探討何為長存的事物？若史書記載無誤，秦始皇為了求長生不老的仙丹妙藥，派遣徐福至海外求，進而將漢文化傳至日本，讓歷史有了意外的發展。由此可見，能否長生不死或至少退而求其次，在死後起碼留下些值得讓後人紀念的事蹟，讓此生不白白走這一遭，應是許多人努力的目標。只是若不明白何為可以長存的事物，愈努力反而愈是在做白工，豈不可惜！為了不使努力付諸流水，就必須瞭解何為長存的事物，這也是第九章要探討的內容。

第二章　生命的起源

第一節　宇宙與地球的形成

　　創世記提及宇宙與地球的形成是出自神之手，這與自然科學界一派學說的大爆炸理論有極大的差異。創世記第一章1-5節描述神創造光明與黑暗的過程如次：「起初，神創造天地。地是空虛混沌，淵面黑暗，神的靈運行在水面上。神說：『要有光。』就有了光。神看光是好的，就把光暗分開了。神稱光為晝，稱暗為夜。有晚上，有早晨，這是頭一日。」

　　這樣的創造過程當然無法被現代科學所驗證，因為沒有足以被驗證的證據，尤其是何謂「神的靈運行在水面上」？這就更是令人難以理解。靈性可以被感知，但是要與講求需要物質證據來檢證的現代科學相容，恐怕還需要更多的過程。更何況神在創造之時，人類還沒

出現，是誰來感知這個過程並留下如此的記錄？這就涉及宗教信仰本質的問題，你究竟相不相信？「我思故我在」的理念，到底對人們理解生存的意義有何幫助？可否將之改為「我信故我在」？

　　若是人們對於神第一天的創造有所質疑，自然就不容易對於神第二天至第六天的創造產生信任感。不過，若仔細探究神六天創造的內容，也不難發現其中具有嚴謹的邏輯性，符合科學社群關於世界觀或典範的認知。換言之，人們若進入神創造的世界觀或典範之中，就會接納該世界觀或典範關於宇宙與地球形成的過程。創世記第一章6-8節介紹了第二天神創造了空氣（天）與水（海），「事就這樣成了」。率先把天空與海洋的區分之事完成，說明神是先造了地球，再造其他星球，這恐怕未能完全回答天文學家關於銀河系、宇宙黑洞的問題！

　　創世記第一章9-13節描述神第三天讓海與陸地分開，並在陸地上創造菜蔬與樹木。這些經文明顯在說明原本地球上只有海而沒有陸地，是神讓海水集中之後，陸地才露出來（經文是天下的水要聚在一處，使旱地露出來）。因此可以理解地球的海洋與陸地的面積比為7

比3，畢竟是陸地出現係因海水集中的關係。若將來受到氣候變遷影響導致海平面上升，進而使陸地逐漸被淹沒，不就回到神最起初創造地球的樣式，似乎也沒有什麼值得大驚小怪的！至人體的含水量與地球的海洋比例都是70%，這恐怕不是單純的巧合可解釋。

創世記第一章14-18節描述神第四天創造了日月星晨，主要經文是「於是神造了兩個大光，大的管畫，小的管夜，又造眾星。就把這些光擺列在天空，普照在地上，管理晝夜，分別明暗。」配合第三天的創造，說明神創造星球是先地球，次日月，再及眾星。同樣可理解為何早期的天文學家會主張「地球為宇宙中心」說，畢竟神先造了地球，若先造的不是中心，試問何為者才能成為中心呢？實際上何者為中心是相對的概念，看你以何種角度觀察而定，當我們全面接受哥白尼的「太陽為宇宙中心」，「地球為宇宙中心」就不存在任何解釋的空間，畢竟不同的世界觀與典範之間具不可共量性，亦即兩者之間無法相容，接受了一種主張，則必須放棄另外一種主張。中心若有兩個，還能算是中心嗎？這也是科學研究必然會面臨的結果。

創世記第一章20-25節描述神在第五天創造了魚、

鳥、昆蟲、野獸，主要經文為：「神說：『水要多多滋生有生命的物，要有雀鳥飛在地面以上、天空之中』、『地要生出活物來，各從其類；牲畜、昆蟲、野獸，各從其類。』」這與進化論提及生物係由單細胞逐漸進化為複雜的多細胞生物，有所扞格。同樣這也涉及人們要接受創世記所預設萬物皆為神所造的世界觀或典範，或者進化論所預設的，兩者之間似乎沒有妥協的空間，只能接受其中之一的說法，而無法兼容並蓄！

第二節　人類的創造

有道是「人類是萬物之靈」，因此被神造的過程當然要與其他萬物有所區別。創世記第一章26-29節經文提到「神說：『我們要照著我們的形象，按著我們的樣式造人，使他們管理海裡的魚、空中的鳥、地上的牲畜和全地，並地上所爬的一切昆蟲。』神就照著自己的形象造人，乃是照著他的形象，造男造女。神就賜福給他們，又對被造的對象說：『要生養眾多，遍滿地面，治理這地，也要管理海裡的魚、空中的鳥和地上各樣行動的活物。』神說：『看哪，我將遍地上一切結種子

的菜蔬和一切樹上所結有核的果子，全賜給你們做食物。』」

　　這些經文充分告訴人們，既然人類都是按著神的形象所造，理應具備神的智慧與能力，否則豈非壞了神的形象。更何況有神的形象，也就沒有自我形象低落的問題。然而在現實社會中普遍存在自我形象不佳、急於得到別人肯定與關愛的人們。只有對本身具有神的形象有深刻認識，才能真正解決自我形象的問題，否則難以避免被此類問題所困擾。換言之，本身既具有王子與公主的尊貴身分，即使外表看起來像平民，或者暫時過著如平民般的生活，仍然無礙本身具有皇族血統的身分，不必自慚形穢！關鍵在於有否此種認知！

　　人們不只是按著神的形式被造，具有神所賜的智慧與能力，而且被賦予「治理這地」的責任，若是不能對此有所認識與理解，豈非辜負神創造人的一番美意。一旦愈深入瞭解神對人類創造的計畫，就愈能感受到神對人創造的美好。此外，在創世記時代，人類是吃素的，因為經文明示神將「菜蔬」、「樹果」賜給人類當作食物，並未將魚、鳥、牲畜賜給人作食物。人類開始吃肉是因為地球發生大洪水，所有的陸地都被洪水淹沒了，

當然「菜蔬」、「樹果」也就都被淹在水裡，神才讓進入方舟除了繁衍後代以外的其他動物，作了人類的食物。由此可知，吃素與吃葷都在神的安排之中，人們也實在不必憂慮吃或喝的問題。馬太福音七章11節指出：「你們雖然不好，尚且知道拿好東西給兒女，何況你們在天上的父，豈不更把好東西給求他的人嗎？」這不就代表人們只要相信神會做出最好的安排即可，不是嗎？

創世記第一章27節提到「神就照著自己的形象造人，乃是照著他的形象，造男造女。」說明神創造男女是有分別的，否則不會用「造男造女」（male and female）的用法。至於創世記第二章7-8節提到「耶和華神用地上的塵土造人，將生氣吹在他鼻孔裡，他就成了有靈的活人，名叫亞當。耶和華神在東方的伊甸立了一個園子，把所造的人安置在那裡。」按聖經的教義，男人是土做的，若因此顯得土裡土氣，豈非再正常也不過了！西方電影出現有關葬禮的劇情，通常會從牧師或神父口中說出「塵歸塵、土歸土」的禱詞，可謂是其來有自！畢竟人的肉體是由塵土所造，死後肉體回歸塵土，也可視為自然循環的一部分！

原本沒有生命氣息的塵土，經過神在其鼻孔中吹氣

後，就成了「有靈的活人」。神在造魚、鳥及牲畜時，並沒有經過類似的過程，說明創造人類的獨特性。為了讓人類可以有居住及安歇之地，神還特別造了伊甸園，可謂是對人類特別地厚愛，否則豈會如此！神不僅為亞當預備了居所，還表示：「那人獨居不好，我要為他造一個配偶幫助他。」（創世記第二章18節）於是神「使他沉睡，他就睡了。於是取下他的一條肋骨，又把肉合起來。」（創世記第二章21節）有論者指出，這是人類第一場無麻醉且無痛的手術，當然也未留下手術後的痕跡。

　　進行這場手術的目的，主要是神認為那人「獨居不好」，因此要造一個配偶來「幫助他」。在女男平權的時代，將女人設定為「幫助者」的角色，難免會引發爭論，認為此種觀點是對女性的不尊重。只是若從幫助者的能力肯定是高於被幫助者的角度觀察，會否仍然認為女人低男人一等呢？或許受到男人先於女人，以及女人是幫助者之聖經教義的影響，女人同級工作的薪水往往較男人低，還有同樣的事情發生在男人與女人的身上，社會的評價也有異，意味著男女在當代還有許多的不平等，這恐怕也是追求女男平權有其正當性的原因！

神「用那人身上所取的肋骨造成一個女人，領她到那人跟前。那人說：『這是我骨中的骨、肉中的肉！可以稱她為女人，因為她是從男人身上取出來的。』」（創世記第二章22-23節）男人是女人的肋骨所造，簡直是超越一般人所能理解的科學知識，也令人難以置信。然而換個角度想，若是人類對神的創造都瞭若指掌，不就代表與神無異了嗎？人還需要神嗎？人類真的有信心能夠對自然界所有的奧秘，都能作出合理的解釋嗎？人類新冠肺炎怎麼來的，為何不像2003年SARS一樣遇到天氣熱就消聲匿跡了？到目前為止，不是也找不到答案嗎？

　　肋骨是用來保護內臟的，若骨折刺入到肺臟將導致氣胸或血胸，則會危害到生命。肋骨具有精細易折的特性，也需要特別保護。換言之，男人若不能保護自己的女人（肋骨），受傷的其實是自己，輕則內臟無法有效得到保護，重則危及生命，豈可不慎！不過若是人們不相信人類以及男人與女人是被如此地創造，上述一切的描述都不具有任何意義，不過若相信創世記對於人類以及男人與女人的創造，許多科學知識無法解釋的奧秘，就都能夠解釋得通了。這又涉及到典範與世界觀的問

題，只是看你接不接受而已！畢竟「骨中的骨、肉中的肉」對於男女親密關係的描述，在現代社會應仍然引人期盼！

至於「人要離開父母，與妻子聯合，二人成為一體，則更容易引起爭議（創世記2:24）「離開父母」初看似乎是對華人社會的家庭觀形成重大挑戰，然而那不是不再理父母，或者不再孝順父母，否則新舊經聖經不會強調要「孝敬父母」。例如舊約出埃及記廿章12節提到「當孝敬父母，使你的日子在耶和華你神所賜你的地上得以長久。」；新約以弗所書六章2節也指出：「要孝敬父母，使你得福，在世長壽。這是第一條帶應許的誠命。」上述經文在在都可看出提醒人們孝敬父母的重要性，可謂是到了不遺餘力的地步，所以離開父母與不孝敬父母無關，千萬不要將它視為違背孝道。若有人因為此種緣故而不接受基督信仰，其實有點可惜！

更何況在現代社會，唯有「離開父母」，已婚的成年子女才能真正決定家中一切的大小事，否則作決定難免會受到父母的影響，自古以來即有的婆媳問題，才能稍微找到和緩的出路。尤其是現在社會上有不少媽寶、爸寶，若是不離開父母，媽寶、爸寶恐怕缺乏成長且獨

立自主生活的機會。觀乎此，就不得不佩服已經有好幾
千年歷史的聖經經文，在理解當代社會所面臨的處境仍
有其效力。

第三章　人類的犯罪

第一節　犯罪的原因

如前所述，人類被神創造且安置在伊甸園中，鎮日以菜蔬與樹果為食物，過著無憂無慮的日子，只是這樣的日子似乎沒有持續太久就受到了考驗。狡滑的蛇開始引誘人不遵守神的命令，對女人說：「神豈是真說不許你們吃所有樹上的果子嗎？」女人對蛇說：「園中樹上的果子我們可以吃，唯有園當中那棵樹上的果子，神曾說：『你們不可吃，也不可摸，免得你們死。』」蛇對女人說：「你們不一定死！因為神知道你們吃的日子眼睛就明亮了，你們便如神能知道善惡。」（創世記3:1-5）

或許大家會有疑問，蛇也是神所造，其狡滑與欺騙的本性是從何而來？是神造的嗎？難道是神故意造此

特性來考驗人的嗎？若參照前面的經文會發現，神對於祂所創造萬物，都感到非常滿意，自然不會創狡滑與欺騙，否則如何滿意！蛇有狡滑與欺騙的特性，顯然是後天學習的結果。既然如此，也就不存在神創造蛇來考驗人的狀況！只是神已經交待人不可分別善惡樹的果子（不是坊間說的蘋果或禁果），且吃後會面臨死亡，為何人會選擇不聽且不擔心會死呢？為何人寧願相信蛇說的更甚於神說的呢？這恐怕也是後天學習的結果！

　　在經不起誘惑下，「於是女人見那棵樹的果子好做食物，也悅人的眼目，且是可喜愛的，能使人有智慧，就摘下果子來吃了；又給她丈夫，她丈夫也吃了。」（創世記3:6）由此可知，不僅僅是蛇的話讓人對神說過的話產生動搖，分別善惡樹的果子的外表，且可使人有智慧，也讓人忘記神的警告！女人不只自己吃，也給了她的丈夫吃，偏偏她的丈夫竟然也沒有警覺此舉係違背了神的命令！這也說明人要犯罪是多麼容易的一件事，稍一不慎就會陷入罪中！

　　只是人們不免有疑問，為何神不要人知善惡、有智慧呢？人能有智慧明辨是非不好嗎？然而事實真是如此嗎？當人被神質疑為何不聽話時，亞當的反應是：「你

所賜給我與我同居的女人，她把那樹上的果子給我，我就吃了。」（創世記3:12）這是知善惡、有智慧的表現嗎？明顯是卸責的表現，不僅把責任推給了夏娃，也把神拖下水，否則怎會說出「你所賜給我與我同居的女人」那樣的話呢？若是吃了分別善惡樹的果子從此有智慧，理應能判斷出神對不認錯的反應是十分不高興的，怎會選擇卸責呢？這恐怕非有智慧的表現！

　　至於夏娃也不遑多論，面對神的責難，她的反應是「那蛇引誘我，我就吃了。」（創世記3:13）明顯是想將責任推給蛇，也不認為責任在己的意思；說不定心理還嘀咕，是誰造了蛇？若沒有蛇出現，我豈會被引誘？又是誰把分別善惡樹的果子造得如此「悅人的眼目，且是可喜愛的」？若非如此，我豈會被引誘？當然以上的推估，都是在創世記中沒有被記載的，只是在現實生活中極有可能發生，人若要卸責，總是能找到各式各樣的理由！

　　更何況人類一旦有了明辨是非的能力，而非按照神的命令生活，紛爭將自此不斷！有道是「公說公有理、婆說婆有理」，說明一旦人有了判斷善惡的能力，就會以自己的標準來決定誰是善、誰是惡。若是沒有共同標

準，一人一把號、各吹各的調，社會秩序將無從維持。君不見任一訴訟案的判決，再公正的法官，也會引發不同的爭論，更遑論不公正的法官，判決導致的紛爭就更多。這就是人們吃了分別善惡樹的果子，就會以自己的標準來判斷善惡，紛爭當然就不容易止息。

馬太福音七章33節提到：「為什麼看見你弟兄眼中有刺，卻不想自己眼中有梁木呢？」充分說明一旦人們有了分別善惡的能力，通常批判別人的問題比較容易，卻看不到自己的問題比別人的還大。當一個比你問題還多的人，要負責決定你是善是惡，試問你會服氣嗎？這恐怕也是神不要人類自行決定善惡的原因，畢竟人們有了權力來決定誰對誰錯，要憑公義而非己意來審判，實際上不那容易，反而可能讓不需付代價者付了代價，真正需被懲罰者卻逍遙法外，如此豈非亂了套？

第二節　犯罪的結果

神曾警告人勿食用分別善惡樹的果子，否則將面臨死亡的結局。不過神在亞當、夏娃食用分別善惡樹的果子後並未賜死他們，這是祂的憐憫，但是他們和引誘

夏娃犯罪的蛇，該付的代價仍然要付。首先登場的是對蛇的懲罰，神對蛇說：「你既做了這事，就必受咒詛，比一切的牲畜野獸更甚！你必用肚子行走，終身吃土。」（創世記3:14）這樣的懲罰可謂是「冤有頭、債有主」。試想若非蛇的引誘，這一切違背神指令的犯罪行為應該都不會發生？因此蛇理當要承擔首惡的責任。蛇「用肚子行走，終身吃土」，也與我們觀察到當代蛇的活動形態相符，再次證明聖經未過時。

其次是對被蛇引誘之女人的懲罰，於是神對女人說：「我必多多加增你懷胎的苦楚，你生產兒女必多受苦楚。你必戀慕你丈夫，你丈夫必管轄你。」（創世記3:16）原來女人懷胎與生產是可以不必受如此多的苦楚，然而因為被引誘而干犯神的指令，就必須付出犯罪的代價，必須承受如此多的苦楚。至於被丈夫管轄，恐是避免女人再次被引誘而再次犯罪。或許會有人質疑，那是夏娃犯的罪跟後來的女人又有什麼關係？這一方面在說明罪會遺傳，另一方面在提醒不要犯罪，否則可能殃及後代子孫，豈能不有所警惕！

最後是對未堅定遵行神旨意之男人的懲罰，神對亞當說：「你既聽從妻子的話，吃了我所吩咐你不可吃

的那樹上的果子，地必為你的緣故受咒詛，你必終身勞苦，才能從地裡得吃的」、「你必汗流滿面才得糊口，直到你歸了土，因為你是從土而出的。你本是塵土，仍要歸於塵土」。（創世記3:17、19）「終身勞苦、汗流滿面才得糊口」的描述，充分說明現代人生活之不易，其實是亞當犯罪的結果。原本可以在伊甸園中過著無憂無慮的日子，卻因為犯罪的緣故必須如此辛苦地生活，亞當在得知這樣的結果後，不知有否後悔且在內心吶喊，早知道就不吃那分別善惡樹的果子。只是許多事都是後見之明，這也就是為何要時時保持警覺，以免後悔莫及的原因！

　　亞當犯罪的結果，不只是需要面對「終身勞苦、汗流滿面才得糊口」的困境，而且要遭受被迫離開家園的後果。因為神擔心人已經知道善惡後，若「伸手又摘生命樹的果子吃，就永遠活著」（創世記3:22），後果將不堪設想。主要是因為如此人將以自己的善惡標準來治理相關事務，若再加上長生不死，其混亂的情況不知凡幾，人類所處的環境也將永無寧日。因此「神便打發他出伊甸園去，耕種他所自出之土」。（創世記3:23）羅馬書五章12節提到：「這就如罪是從一人入了世界，

死又是從罪來的，於是死就臨到眾人，因為眾人都犯了罪。」意味著亞當犯罪不只自己受苦，世代子孫也因此有了原罪。原罪也是許多人不能明白基督宗教的教義，以致不想接受的原因之一。

中國古代曾有孟子的性本善與荀子性本惡之間的爭論，若按照聖經的說法，在伊甸園中的人類是性本善的，當時並沒有惡。然而當亞當、夏娃犯了罪後，就等同「眾人都犯了罪」，人類也就是性本惡了。或許有人不認同性本惡或原罪，不過若被問到從小到大有誰沒說過謊？相信沒有人會有否定的答案。說謊是父母或學校老師教的嗎？相信沒有人會有肯定的答案。既然說謊不是後天學習而來，當然就是與生俱來的，若這不是原罪，什麼才是原罪？

約翰福音第八章提到有關行淫婦人被抓，文士與法利賽人詢問耶穌，是否要根據摩西律法將那女子用石頭打死？耶穌對此的回答是：「你們中間誰是沒有罪的，誰就可以先拿石頭打她。」（約翰福音8:7）眾人聽見這話以後，「就從老到少，一個一個地都出去了，只剩下耶穌一人，還有那婦人仍然站在當中」（約翰福音8:9）。這不就說明人都有原罪嗎？否則豈會出現從老

到少沒有一個人留下來，用石頭打死那婦人來彰顯公義的場景呢？

在學校教書有次討論到生命教育時，曾問過同學對於原罪的看法，同一班有不少同學並不認同原罪的看法，但是當被問到從小到大沒有說過謊的舉手嗎？在場沒有人舉手，這是小型的抽樣調查，並不能作為完整科學研究的根據，但是卻可作為參考的依據。不僅如此，實際上罪是會遺傳的，只要看父母易犯何種錯誤，子女犯同樣錯誤的比例就非常高，除非後代子孫斬斷了這種惡的遺傳的鎖鏈！

舊約民數記十四章18節「耶和華不輕易發怒，並有豐盛的慈愛，赦免罪孽和過犯，萬不以有罪的為無罪，必追討他的罪，自父及子直到三四代。」因此若不處理罪的問題，就會三、四代不斷地延續下去。根據創世記的記載，亞伯拉罕、以撒、雅各是祖孫三代，他們都為了本身利益或擔心人生安全受到傷害而選擇說謊。這恐怕不是巧合，而是罪與惡不斷延續的結果。當然聖經中也不乏此種家族罪惡遺傳的例子，現實社會又何嘗不是如此！父母離婚、家暴對未來孩子的婚姻生活也都會有影響，有本書名為「從此，不再複製父母婚姻」，

書中所談到的案例，也是對此很好的證明。

　　當然神並未放棄祂所創造的人類，一如未賜死犯罪的亞當、夏娃，雖然曾警告他們不可吃分別善惡樹果子以免死，仍然在人類犯罪後給予退路。新約聖經約翰一書一章9節指出：「我們若認自己的罪，神是信實的，是公義的，必要赦免我們的罪，洗淨我們一切的不義。」只要認罪就能得赦罪，豈不是非常划算！此外，舊約申命記五章10節更揭示神說：「愛我守我誡命的，我必向他們發慈愛，直到千代。」追討罪只有三、四代，祝福卻是千代，人類究竟要如何選擇，還不清楚嗎？

第四章　得著救贖的途徑

第一節　神的計畫

　　如前所述，亞當、夏娃犯罪後使整體人類有了原罪。只要讀舊約聖經的歷史書，包括士師記、撒母耳記上下、列王記上下、歷代志上下等，就可發現人類不斷在犯罪、認罪、被赦罪、再犯罪的循環當中。試想若是神沒有特殊的救贖計畫，人類將很難脫離此種罪的循環。或有以為可以靠德行或功德得救贖，然而以色列人也曾試圖靠遵行法律來得救，所以訂定了613條誡律，犯了1條等同犯了全部的誡律，不過這樣嚴格的要求，並無法阻止以色列人不斷地犯罪。

　　此種具有原罪性質的罪性，是沒有辦法靠減少外在的罪行來得著救贖的，而必須倚靠神的計畫。若想要靠遵守誡律來得救，就會像安息日（不工作必須強制休

息的日子）的以色列，有人將電梯設定為每層樓都停，如此就可讓搭電梯者不必手按樓層鈕，以避免違反安息日不可工作的誡律。相信許多人聽到這樣遵守誡律的方式，一定會覺得不可思議，這就是靠不行惡來得救可能面臨的處境。當然這不意味著鼓勵人不守法，而在強調守法是維護社會秩序必要的行為準則，但是與得救與否無關，得救必須另循他途。

新約聖經約翰福音三章16節的經文「神愛世人，甚至將祂的獨生子賜給他們，叫一切信祂的，不至滅亡，反得永生。」充分說明神的救贖計畫，就是將耶穌賜給人類，讓人能因為相信耶穌而得著救贖。使徒保羅在新約聖經提摩太前書一章15節表示：「『基督耶穌降世，為要拯救罪人。』這話是可信的，是十分可佩服的。在罪人中我是個罪魁。」也說明神派遣耶穌來施行拯救的計畫，特別是對罪人的拯救計畫。

若從新約聖經羅馬書五章19節提到：「因一人（亞當）的悖逆，眾人成為罪人，照樣，因一人（耶穌）的順從，眾人也成為義了。」意味著人類因為亞當違反神的命令而有了原罪，也因為耶穌順從被釘在十字架上的命令，而讓人類可以據以稱義，關鍵在於是否相

信神差派耶穌來到人們中間的救贖計畫。

　　當然神差派耶穌來到世上，挑戰了不少人類的理智，包括讓耶穌的媽媽瑪利亞以處女之身靠聖靈受孕，耶穌降生在不起眼甚至是有點污穢的馬槽。這或許是以色列人信猶太教而非基督教的原因，畢竟救世主應該是騎著駿馬自天而降才是，怎會降生在馬槽？然而神蹟不就是超越人類理性可以分析的範圍嗎？若都是人能理解或解釋的，還能稱為神蹟？人若不相信神蹟會有什麼結果呢？

　　如前所述亞伯拉罕的妻子撒拉受到天使的啟示會生子，對當時已停經的撒拉而言，認為本身不可能懷孕，所以才讓她的埃及使女與她的丈夫同房生下了以實瑪利。若是撒拉相信神蹟，就不會做這件事，她也就不必擔心自己所生的兒子以撒，長大後會被哥哥欺負，也就沒有今日以色列與阿拉伯之間無窮無盡的軍事衝突；即使雙方簽訂停火協議，也可以因為細故而重燃戰火，要和平相處何其困難。由此可知，不可輕看神的啟示與神蹟，否則其結果可能超越人們的想像。

　　撒拉不信自己可以生子，某種程度而言也是對神的命令打折扣。既然違背神的命令，雖未被神離棄，但是

該付的代價也必須要付，這就產生了某種蝴蝶效應，也改變了整個人類的歷史。當然人類的歷史發展如此，不完全是因為亞伯拉罕與撒拉的緣故，其實是因為原罪的關係。亞當、夏娃的兒子該隱，是種地的，因為所獻的祭物未被神接納，就動怒而殺害牧羊的弟弟亞伯，只因亞伯所獻的祭物被神悅納。或許人們會有疑問，獻祭不被悅納，有那麼嚴重嗎？有需要以殺人來洩忿嗎？這也說明原罪的可怕，不知什麼時候就會跳出來主導人的行為。

不僅如此，當神問該隱亞伯在哪裡時，已將亞伯殺害的該隱，不僅沒有及時承認一時氣憤不過犯了殺人罪，反而回答說：「我不知道。我豈是看守我兄弟的嗎？」（創世記4:9）人的罪性可見一斑！若按照現代的法律術語，是屬於不可教化的。若是不可教化，當然要處以與世長久隔離的刑罰。不過神並未如此，反而網開一面地對該隱表示：「你種地，地不再給你效力；你必流離飄蕩在地上。」（創世記4:12）該隱對此竟然膽敢回應：「我的刑罰太重，過於我所能當的」。完全看不到有一絲一毫的愧疚與悔意，如果這不是來自於人的原罪又豈會如此！若神不以祂的救贖計畫來拯救人類，人類有辦法靠外在的行為得救嗎？

第二節　人的回應

　　既然神已經對世人有了差派耶穌到人們中間的救贖計畫，能否得救就看人的回應。若人類選擇不信，該救贖計畫也無法完成。前述馬丁路德宗教改革的重要教義就是「因信稱義」，新約聖經哥林多前書五章17節指出：「若有人在基督裡，他就是新造的人，舊事已過，都變成新的了。」不能成為新造的人，是因為沒有在基督裡，這意味著人們要選擇相信，一旦相信了就能重生。至於重生不是猶太人的官尼哥迪慕所說的：「人已經老了，如何能重生呢？豈能再進母腹生出來嗎？」（約翰福音3:4）而是耶穌所說：「我實實在在地告訴你：人若不是從水和聖靈生的，就不能進神的國。從肉身生的就是肉身，從靈生的就是靈。」（約翰福音3:5-6）這意味著人重生要受水洗與聖靈的洗，水洗是洗淨外在身體，重點在聖靈要洗滌人心。

　　不僅如此，林多前書五章18節也接續提到：「一切都是出於神，他藉著基督使我們與他和好，又將勸人與他和好的職分賜給我們」。換言之，人們因為相信耶穌，所以可以跟神恢復關係，就是從亞當，夏娃跟神關

係破裂以來，可以重新藉著耶穌而恢復。而且每個與神恢復關係的人還有一個責任，就是要勸人與神恢復和好的關係，不再受到原罪影響而與神隔絕，不僅要獨善其身，更要兼善天下。

只要相信就能成為義人，其實是種恩典，也就是種禮物。因為「做工的得工價，不算恩典，乃是該得的；惟有不做工的，只信稱罪人為義的神，他的信就算為義。」（羅馬書4:19）工作之後得到工資，是應得的，沒有什麼恩典可言，但是禮物就不一樣，那是別人白白送給你的。或許有人會以為，天上掉下來的禮物最貴，不過那是指商場上的禮尚往來而言。人們接受家中或家族長輩的禮物，純粹是因為有這樣的身分，不需要付出什麼代價。同樣地，只要人們承認是神的兒女，就可以不付任何代價收到禮物，何樂不為！

如果硬要說做點什麼來得到禮物的話，那就是接受洗禮。就如同羅馬書四章19節所指出的：「所以我們藉著洗禮歸入死，和祂一同埋葬，原是叫我們一舉一動有新生的樣式，像基督藉著父的榮耀從死裏復活一樣。」接受洗禮是透過外在的儀式，來堅固內心對此信仰的認同感，活出新生命的樣式來。畢竟人心是十分脆

弱的，也是健忘的，若沒有透過外在的儀式予以提醒，可能很快就會忘記自己已經得救，已經不需要再透過許多的努力才能得到那禮物。若有人在接受洗禮後，仍然希望努力做點什麼來得到更多禮物，這就是尚未從舊有的習慣解脫出來，接受洗禮就有點可惜了！

單純相信卻未接受洗禮就無法得著那禮物嗎？答案當然不是，關鍵在於是否真的相信。就如同在耶穌被釘十字架時，有兩位罪犯也同時在耶穌兩旁被釘十字架，一位嘲諷耶穌說：「你不是基督（救世主）嗎？可以救自己和我們吧！」（路加福音23:39），另一位卻責備他說：「我們是應該的，因我們所受的與我們所做的相稱，但這個人沒有做過一件不好的事。」並且說：「耶穌啊，你得國降臨的時候，求你記念我！」（路加福音23:41-42）耶穌對他說：「我實在告訴你：今日你要同我在樂園裡了！」（路加福音23:43）

認為耶穌無罪的罪犯，只不過是請耶穌記得他，就能與耶穌一起在樂園裡，如果這不是白白得來的禮物，什麼才是。那位罪犯有經過什麼努力嗎？不只沒努力做好事，反而做了不少壞事，否則豈會承受被釘十字架的刑罰。然而他卻因為認識耶穌是救世主的特殊身分，並

且請耶穌記得他，就獲得一張進入樂園的門票，可說是「因信稱義」的最佳代言人。既然進入樂園的門票如此容易取得，人們若不去拿，豈非可惜！只是人們因為不信，所以也就暫時無法取得門票！換言之，神的計畫是透過耶穌，讓每個人都可以拿到進入樂園的門票，若人選擇不回應神的計畫，拿不到門票又能怪誰！

其實人的一生就如同舊約聖經詩篇九十章10節所說的：「我們一生的年日是七十歲，若是強壯可到八十歲；但其中所矜誇的不過是勞苦愁煩，轉眼成空，我們便如飛而去。」勞苦愁煩有什麼可誇的呢？然而當人們不明白神的計畫，也不走在神的計畫當中，所能誇的恐怕只有勞苦愁煩了吧！否則怎麼會把辛苦工作當成生活的全部呢？以前曾經讀過一篇文章，描述在美國矽谷公司工作的工程師，早上出門時孩子還沒起床，晚上下班回來孩子已經睡著，等孩子上了高中、大學才驚覺，因為辛苦工作錯過了孩子成長最需要父親陪伴的年紀，後悔已來不及。

只是這樣的故事，重複在上演，人們並未從歷史中學到教訓。德國哲學家黑格爾在十九世紀就曾表示：「人類從歷史學到的唯一教訓，就是人類沒有從歷史汲

取任何教訓。」時不時仍然可以聽到人們在比誰的工作較辛苦，又何必呢？不過是勞苦愁煩，又有什麼值得矜誇的呢？若是亞當沒違背神的命令，人們也不需要「終身勞苦、汗流滿面才得糊口」，不是嗎？勞苦愁煩是人類犯罪的結果，若人們誇耀工作辛苦，就某種層而言，似乎是在讚許犯罪，畢竟人需要如此辛苦，是因為犯罪的關係！

即使沒有讀過聖經，也多多少少聽過摩西帶領以色列百姓，在沒有海底隧道情況下，跨越紅海以躲避埃及軍隊追殺的故事。「摩西死的時候年一百二十歲，眼目沒有昏花，精神沒有衰敗。」（申命記34:7）活到一百二十歲已經是人瑞了，卻能夠眼睛沒昏化、精神沒衰敗，顯然是沒有受到勞苦愁煩的影響，否則何能如此！摩西原本認為自己不夠格帶領以色列百姓離開埃及，到神為他們預備的迦南美地去。在拗不過神的託付之下接受了這個任務，不僅經歷帶領以色列百姓跨越紅海的神蹟，還能成為身體保持健康的人瑞。摩西在回顧一生的歲月時不知會否啞然失笑，心想有如此的福份，不知當初為何堅持不受命。

這就說明當人們正確回應神的計畫，就會有如摩

西享有的結果。人當然可以選擇不按照神的計畫而行，就如同亞當、夏娃在伊甸園中未按照神的計畫而行，最後的結果如何大家都應該耳熟能詳！若是人們要繼續過那種「終身勞苦、汗流滿面才得糊口」的生活，亦可理解，畢竟人類的始祖已有先例。不過，這也再次應證「人類從歷史學到的唯一教訓，就是人類沒有從歷史汲取任何教訓」的說法，很有道理！

第五章　疾病與苦難的原因與意義

第一節　疾病與苦難的原因

　　如前所述，人吃五穀雜糧焉能不生病，然而疾病與苦難的原因，恐怕不是只有因為飲食的關係！上一章提到人之所以會「終身勞苦、汗流滿面才得糊口」，是因為犯罪被神懲罰的結果，目的是為了管教，懲罰只是手段。換言之，疾病與苦難的原因之一是神的管教。申命記廿八章58節提到：「你若不謹守遵行，耶和華就必將奇災，就是至大至長的災，至重至久的病，加在你和你後裔的身上」。充分說明人若不謹守遵行神的命令，就會面臨重災與重病。相對而言，「終身勞苦、汗流滿面才得糊口」，反而顯得是小兒科而已！而且不是只有這一代會面臨重災與重病，連後裔也都包含在內，豈能不謹慎面對神的管教。

人們不免疑問，神如此嚴厲的管教是因為不愛祂的兒女嗎？答案恰恰相反，君不見新約聖經希伯來書十二章7節指出：「你們所忍受的，是神管教你們，待你們如同待兒子。焉有兒子不被父親管教的呢？」，舊約聖經箴言三章12節也提到「因為耶和華（神）所愛的，他必責備，正如父親責備所喜愛的兒子。」說明正因為人們具有神兒女的身分，才會被神管教，否則豈會如此！當然被管教的時候會不舒服，否則希伯來書十二章11不會說「凡管教的事，當時不覺得快樂，反覺得愁苦」，不過「後來卻為那經練過的人結出平安的果子，就是義。」原來管教是希望能夠成就義，就如同提煉黃金需要被火燒一樣，才能把雜質去掉，否則如何顯出貴重。

舊約聖經約伯記中形容約伯是：「完全、正直，敬畏神，遠離惡事。」（約伯記1:1）照理說以約伯的品性是不需要被神管教的，然而他的朋友以利法卻在約伯遭遇苦難時，將之歸於神的管教，還主觀地認定「神所懲治的人是有福的，所以你不可輕看全能者的管教。」（約伯記5:17）殊不知約伯之所以遇到苦難不是出於神的管教，而是出於魔鬼的干擾。神允許苦難發生在約伯

身上，是要藉此來彰顯祂奇妙的作為。若是人們像以利法一樣誤認為苦難都是出於神的管教，不僅無助明瞭某些靈性的奧秘，反而容易淪為輕易就控訴他人的人。因此要將神的管教與魔鬼干擾區分清楚，以免無法對症下藥！

疾病與苦難的原因之二是魔鬼干擾。路加福音十三章11節指出：「有一個女人被鬼附著，駝背了十八年」；路加福音八章27節也提到「在格拉森有人被鬼附著而發瘋。」不論是駝背或者是有精神疾病，都是因為被鬼附著的關係。然而現代科學尚不具備有效工具來證明魔鬼的存在，因此魔鬼僅存在於宗教信仰的領域。當然人們無法否認魔鬼的存在，否則在生活週遭不會有那麼多跟魔鬼有關的故事，尤其是許多電影公司更是樂此不疲地拍攝與之有關的作品。

新約聖經馬可福音九章25-27節有描述耶穌趕鬼的故事，「耶穌看見眾人都跑上來，就斥責那污鬼，說：『你這聾啞的鬼，我吩咐你從他裡頭出來，再不要進去！』那鬼喊叫，使孩子大大地抽了一陣風，就出來了。孩子好像死了一般，以致眾人多半說：『他是死了』。但耶穌拉著他的手，扶他起來，他就站起來

了。」耶穌趕鬼沒有特殊的儀式，只是斥責那污鬼，鬼就離開了被附著孩子的身上。可見因為被鬼附著的關係，人才會生病，只要鬼離開了，病就好了。

不過鬼離開了，故事並未結束，若是人不警醒，鬼隨時會回來，而且狀況會更嚴重。就如同馬太福音十二章43-45節所言，「污靈（鬼）從人裏面出來，在無水之地蕩來蕩去，尋找安歇之處，卻尋不著。便說，我要回到我所出來我的屋裏去。到了，就見裏面空著，打掃乾淨，裝飾好了。於是去另帶了七個比自己更惡的靈來，一同進去，住在那裏。那人末後的景況，就比先前更壞了。這邪惡的世代，也要如此。」換言之，只有讓神的靈住在裡面，才不會成為空屋，才不會讓污鬼有機會呼朋引伴回來住。不要忘記當初神造人是對人吹氣，使人成為有靈的活人，因此人是可以與神的靈相通，也可以讓神的靈內住在人的心裡，人心才不致被邪靈佔據！

疾病與苦難的原因之三是人的私欲。箴言廿三章29-30節指出：「誰有禍患？誰有憂愁？誰有爭鬥？誰有哀嘆？誰無故受傷？誰眼目紅赤？就是那流連飲酒，常去尋找調和酒的人」雖然上述經文都是問句，然而當

人流連飲酒、放縱私欲，疾病與苦難還會遠嗎？心理學將我分成三類，即本我、自我及超我。本我即是人們的生理需求，然而若過度放任，就會造成生理的負擔，進而導致疾病的發生。因此，有時需要超我的協助，讓本我不致完全主導個人的生活作息，以致讓自我能夠在平衡的狀態下生活。

此外，為了維持身體健康，光靠鍛鍊身體是不夠的，因為新約聖經提摩太前書四章8節就提醒「操練身體益處還少」，既然健身的益處不多，還能做什麼呢？經文接續說明「唯獨敬虔，凡事都有益處，因有今生和來生的應許。」換言之，唯有過著敬虔而不放縱欲望的生活，才能兼顧心理與生理的健康，且不只是在今生，更在死後的世界都能活得有意義。（基督教不講輪迴，所以來生係指人死後的世界）。不僅如此，提摩太前書六章6節還提醒人們：「敬虔加上知足的心便是大利了。」之所以如此提醒，是「因為我們沒有帶什麼到世上來，也不能帶什麼去。只要有衣有食，就當知足。」（提摩太前書6:7-8）。

有道是「人生不如意十常八九，所以要常想一二」，常想一二就是知足的表現。若是知足，大概就不

太會去與人爭競，人際關係因此就不容易緊張，自然就比較容易保持心理與生理的健康。現代人健康出問題往往都是受到壓力的情緒的影響，若是能知足度日，相信比較容易健康生活。南亞國家不丹曾是全世界快樂指數最高的國家，不是因為他們的物質生活比別國更豐富，而是該國國民容易知足。然而當該國國民與外界接觸愈來愈多，對於物質生活的追求就愈來愈不容易得到滿足，快樂指數就直直落，這也說明知足的重要性。實際上基督教教義其實早已預見不知足的後果了，就看人們是否選擇要遵守聖經的教導而走！

第二節　疾病與苦難的意義

　　基於上述疾病與苦難的原因，使得人生在世難免都會面臨挑戰。若是人們不能從中學習並得到教訓，豈非白白經歷疾病與苦難的折磨，這樣就太可惜了！因此人們有必要去瞭解疾病與苦難的意義究竟為何，以免白受苦！

　　疾病與苦難的第一層意義，是為了彰顯神的作為。約翰福音九章2-3節提到：「門徒問耶穌說：『拉比，

這人生來是瞎眼的，是誰犯了罪？是這人呢，是他父母呢？』耶穌回答說：『也不是這人犯了罪，也不是他父母犯了罪，是要在他身上顯出神的作為來』」。若按照輪迴的觀點，生來瞎眼的顯然就是因為上輩子犯了罪，所以這輩子要來贖罪。不過耶穌卻說不是當事人或當事人父母犯罪的結果，而是藉此讓人們明白神的作為。

此外，耶穌也說：「在世上有苦難，在我裏面有平安；你們可以放心，我已經勝了世界。」〔約翰福音16:33〕同樣也在說明這是彰顯神作為的表現，只要相信耶穌就會有平安，而且要人們放心，因為祂已經勝過了世界上一切的苦難。若是人們不經歷苦難，又豈會體認自己能做的其實非常有限，唯有相信耶穌才能夠讓苦難轉化為平安。由此可知，真正的平安不是沒有苦難的考驗，而是面臨苦難時有平安，這豈是未具有堅定信仰的人們可以做得到？

實際上若是神不透過讓人們經歷神蹟，或者藉由外在環境變化使人認識有神的作為介入其中，試問人要怎麼認識呢？不是認為是自己努力的結果，就是認為一切都是巧合，只是一次巧合可以算是巧合，若類似巧合發生三次以上，還能算是巧合嗎？為何巧合都是發生在同

一人身上，而不是平均發生，天底下有這麼不公平的事嗎？若是努力卻得不到公平的對待，試問還有人要努力嗎？

羅馬書一章20-21節提到：「自從造天地以來，神的永能和神性是明明可知的，雖是眼不能見，但藉著所造之物就可以曉得，叫人無可推諉。因為他們雖然知道神，卻不當做神榮耀他，也不感謝他，他們的思念變為虛妄，無知的心就昏暗了。」人們明明可以藉著神所創造各式各樣的環境，明白若非有神，自然界如此多的鬼斧神工是不可能出現，也無法解釋何以致此。然而人們卻不去榮耀祂，而只誇耀自己的努力與付出，思念變虛妄、無知的心因而昏暗，又能怪誰！這不是再自然也不過的結果嗎？

疾病與苦難的第二層意義，是為了讓人得安慰。新約聖經哥林多後書一章4-5節說得非常清楚：「我們在一切患難中，他就安慰我們，叫我們能用神所賜的安慰去安慰那遭各樣患難的人。我們既多受基督的苦楚，就靠基督多得安慰。」原來苦難可以讓人們經歷神所賜下的安慰，並且有餘力還可以去傳遞安慰。就如抗癌成功的病人，比較容易去安慰正在抗癌中的病友，因為曾經

歷同樣的艱辛過程。這倒不是「同是天涯淪落人」的同病相憐，而是在其中看到神的作為與祂所賜下的安慰。

　　力克‧胡哲是一位生下來就沒有四肢的澳洲演說家，但是他卻沒被制約，反而活著到世界各地發表演說，鼓勵了上百萬人以信念、希望、愛和勇氣克服逆境，追求夢想。他也曾經試圖尋短，想要利用洗澡的時候在浴缸中淹死自己，不過沒有成功。若是他成功自盡了，那曾經被他鼓勵的上百萬人就無法得著安慰。他曾分享有一次在美國洛杉磯演講後，有一位同樣是沒有四肢的女孩到他面前表達謝意。因為據那女孩透露，當天若沒來聽演講就要去尋短了，卻因為聽了演講就決定要效法他的榜樣。這無疑是為用神所賜的安慰去安慰那些同遭苦難的人，下了最好的註腳。

　　力克‧胡哲也表示：「在人生的賽局中，沒有達到期望、被三振或搞砸並不可恥；可恥的是沒有從失誤中獲得動力，努力在場上奮鬥下去。」他從一無所有，到一無所缺！現在他更是已經實現他想都沒想過的結婚生子。更令人不可思議的是，他與妻子已經有了四個小孩，其中老三、老四是雙胞胎，而且都四肢皆全。這是巧合嗎？若他當年成功尋短了，他不僅無法激勵人，更

沒有機會養育下一代。如果這不是神的作為與祂所賜下的安慰，什麼才是？

疾病與苦難的第三層意義，是為了讓人可以成長。羅馬書五章3-5節指出：「不但如此，就是在患難中也是歡歡喜喜的。因為知道患難生忍耐，忍耐生老練，老練生盼望，盼望不至於羞恥，因為所賜給我們的聖靈將神的愛澆灌在我們心裡。」按照人的本性，在患難中如果能不抱怨，就已經十分不容易了，怎麼還能歡歡喜喜呢？能夠歡歡喜喜是因為有盼望，有感受到神的愛！然而要有此經歷，就必須有這樣的思維，否則如何能不被眼前的患難困住？羅馬書八章18節：「我想，現在的苦楚若比起將來要顯於我們的榮耀，就不足介意了」、哥林多後書四章17節：「我們這至暫至輕的苦楚，要為我們成就極重無比、永遠的榮耀」、約伯記廿三章10節：「神試煉我之後，我必如精金」等經文，都在告訴人們，痛苦只是暫時的，目的是讓人得以成長。只是人們能夠忍耐到榮耀降臨的時候嗎？若可以，當然就已經成長了，不過這的確不容易就是了！

美籍台裔前美國國家籃球聯盟（NBA）球員林書豪，曾經在NBA球場上創造了「林來瘋」（linsanity）

旋風，受到全球籃球迷的矚目，不過他也因為經歷大小傷不斷的傷勢，最終面臨被NBA30支球隊拒於門外的困境，甚至在面對聽眾分享本身經歷時淚灑會場。受傷當然是所有NBA球員不願遇到的事，不過在球場上激烈的肢體碰撞，受傷在所難免，關鍵在於傷後復健以及如何健康地回到球場上。林書豪每當遭遇到傷勢困擾時，就是靠前述羅馬書五章3-5節的經文，來度過不容易的復健歲月，也利用機會分享他心靈成長的經歷。詩篇119篇71節提到：「我受苦是與我有益，為要使我學習你的律例。」就是在受苦過程中學習成長的最佳寫照。若非受苦，豈能從神的話語中得到啟示，又豈能有機會成長？

　　若是林書豪未經過不容易的歲月，要有精彩的分享，恐怕也不容易！尤其是那場淚灑會場的分享會，想必讓現場觀眾都為之動容！因此對於疾病與苦難要有積極正面的態度，才能不被這暫時的苦楚所困。箴言十七章22節指出：「喜樂的心乃是良藥，憂傷的靈使骨枯乾。」就在告訴人們面對疾病與苦難保持喜樂的心情非常重要。有不少醫生建議在新冠肺炎疫情仍在影響台灣期間，要利用機會與家人與朋友聚餐，透過交流可以保

持愉悅的心情，有助於增強身體的免疫力，其防疫效果
不亞於施打疫苗。誰能說每天保持喜樂的心不重要呢？

第六章 每人都有特長

第一節 每人都有特長的證據

　　根據世界人口時鐘的估計，全球人口將在2022年8月達到80億人，如今是以每秒出生4.2人、死亡1.8人的速度增長。誠如前述，按照基督宗教的教義，每個人都是神所造。既然如此，為何神要造如此多的人？難道不怕地球資源不夠眾多人口使用嗎？神造眾人，應該不是毫無目的吧？因此每個出生在地球上的人類，應該都會有與生俱來的使命要完成，愈早明白自身的使命，應該愈能彰顯本身的生命意義。

　　詩篇一三九篇16節提到：「我未成形的體質，你的眼早已看見了；你所定的日子，我尚未度一日，你都寫在你的冊上了。」換言之，當人們還是受精卵的時候，神就已經看見了，未成形的體質不就是如此嗎？呱

呱墜地後還沒開始生活，所有一切可能發生的事都已經被記錄在神的生命冊中了。這就好像是電影「楚門的世界」的場景，楚門也是從出生開始就被安排在所生長的環境之中，只是當時他不明白他生活大小事都已經被安排好了，包括父親遭遇海難、娶妻等人生重大事件都是如此，直到發現車子的收音機廣播竟然在追蹤他的位置，他才漸漸明白本身是處在一場實境秀之中！

　　哥林多前書四章9節提到：「我想神把我們使徒明明列在末後，好像定死罪的囚犯；因為我們成了一台戲，給世人和天使觀看。」使徒保羅認為自己成為一台戲，演給世人與天使看，不就是為了讓世人可以藉此借鏡。至於演天使看，按照解經家的說法有兩層意義，第一層是天使隨時可以在人們演得不好時，予以提醒與修正。另一層則是好的天使在神面前說好話，壞天使在神面前說壞話。有道是：「戲如人生、人生如戲」，演好一場戲，才可以讓人們不枉活這一生。

　　已經過世的金馬獎影帝孫越曾分享，他「算是一個蠻自我的人，加之對自己的要求也高，就力爭上游。從世俗的角度來看，一直很努力，工作表現的機會也多，更不曾有過甚麼失敗的經驗，好像一路都走在別人

的前面。」他「自認憑著自己可以改變很多事情，易如
反掌地，將不可能變為可能；但演藝工作愈順利，內心
卻愈覺著空虛。」讓他改變的就是當聽到故清大阮大年
校長演講的主題「我們成了一台戲」，他「發現個人所
想的『成功』還是比較狹隘，原來這個世界還有這麼大
的空間值得探索。我是誰？我從哪裡來？要到哪裡去？
生命的意義是甚麼？好像在基督信仰裡我卻可以找到答
案。」

　　孫越表示：「後來投入社會公益的活動，百分之百
是因為基督信仰的關係。」一位曾經演戲如此成功的演
員，卻因為聖經的一段經文：「我們成了一台戲，給世
人和天使觀看。」改變了本身對成功的看法，也重新思
索生命的意義為何。若不是因為找到自己的使命，又豈
會投入社會公益活動直到生命的終了。由此可知，明白
自己的使命在人的一生當中，有多麼重要。否則努力生
活了一輩子，等到要離開這世界時才發現該做的事都沒
做，不該做的事一件也沒少做，豈非可惜！既然孫越
可以功成名就時發現他生命的意義，身為後輩又豈能
錯過！

　　或許人們會疑惑本身真的有神所賦予的使命要完成

嗎？若本身條件或能力不行，又如何有機會去完成使命呢？舊約聖經以賽亞書六十四章8節也提到：「耶和華啊，現在你仍是我們的父！我們是泥，你是窯匠，我們都是你手的工作。」一句我們都是你手的工作，還擔心能力有能力不足的問題嗎？更何況神早已認識我們，還會不知道我們有多少能力嗎？不足的神自然會補足，否則如何能完成工作呢？關鍵在於人們是否按著神的計畫而行。

當然這不是只發生在舊約的時代，新約的時代仍是如此，新約聖經以弗所書二章10節就指出：「我們原是他的工作，在基督耶穌裡造成的，為要叫我們行善（完成使命），就是神所預備叫我們行的。」就在提醒人們，原來大家都是神手中的工作，被造是為了完成使命，沒有舊約新約之別，只有是否走在神的計畫當中的區別，因為神早已為人們要完成的使命有了預備。既然神都已預備，若人基於個人因素而不去行，豈非自討苦吃，又何必如此呢？不過人也經常會按照己意自討苦吃，亞當、夏娃就是最好的例子。

第二節　每人都有特長的例子

如前所述，人們是神所造，也是神手中的工作，神豈能沒有為人類做任何的預備？以弗所書四章7節指出：「我們各人蒙恩，都是照基督所量給各人的恩賜」，羅馬書十二章6節也提到：「按我們所得的恩賜，各有不同」。說明每個人來到這世上，都已經有了神所賜的恩賜與特殊的專長，目的就是讓人們可以善用所有的專長來完成被賦予的使命。過去人們經常是以智力商數（IQ）或學習成績，作為檢測未來會否成功的標準，這也就是為何在不少世界的角落，尤其是東亞國家，總是會發現升學主義流行的影子。

然而IQ已經不再是成功或者聘人的唯一標準，畢竟有IQ高卻情緒商數（EQ）很低，動不動就發脾氣，也無法有順暢人際互動的人。在現代講究團隊合作的時代，這樣的人是不會受歡迎的，自然就會與成功的機會擦身而過。原因是IQ高的人通常會恃才傲物，所以容易落入眼高手低的困境，以致無法在專業分工中獨力完成本身工作。誰說IQ不如人的，一定不會成功呢？若是高EQ的人能把眾多高IQ卻桀驁不馴者整合在一起，

又豈會不成功？當然這不意味著高IQ者一定低EQ，高EQ者一定低IQ，只是按照神給每個人的恩賜不同，每個人都有不同的強項。

如今除了IQ與EQ之外，管理學界就創造出逆境商數（AQ）與道德商數（MQ）。AQ指的是在遭遇挑戰及挫折時，有適當的反應和韌性；MQ意味在廠商提出任何餽贈或招待時，有向對方說不的能力，這對於許多企業在推動反賄賂及反貪汙供應商行為準則而言，此種能力尤其重要。未來管理學界不知道還要再發明多少各式各樣的商數，來決定如何精準篩選人才或晉升人才。所以這一切的商數都只證明一件事，人的被造不是單一面向，每個人都有他擅長的一面，只是有時未被發現而已。有道是「千里馬常有，伯樂不常有」，每個人其實都是千里馬，只是尚未被伯樂發現而已，所以無需妄自菲薄！等待而不抱怨，在職場上也是一門學問。千萬不要認為自己都是懷才不遇，別人都是不才而遇，是才總有會被發崛的一天。

人們有了專長不是為了自己的好處而已，更重要的是讓週遭的人都能得到好處，就如同哥林多前書十二章7節所說的：「聖靈顯在各人身上，是叫人得益處。」

叫人得益處的英文是common good，是共好。腓立比書二章4節也提醒人們：「各人不要單顧自己的事，也要顧別人的事。」耶穌的大弟子彼得另在彼得前書四章10節表示：「各人要照所得的恩賜彼此服侍，做神百般恩賜的好管家。」更說明彼此相互合作的重要性，套句坊間流傳的話「一個人走得快，一群人走得遠」，人是無法單靠自己走完人生旅程，即使可以，也會非常辛苦，何必呢？明白乎此，又豈能不設法盡力去追求共好呢？

也唯有瞭解自己的專長，不是白白來這世界走這一趟，才能夠有健康的自我形象。正如同使徒保羅在羅馬書十二章3-4節告訴人們：「我憑著所賜我的恩對你們各人說：不要看自己過於所當看的，要照著神所分給各人信心的大小，看得合乎中道。正如我們一個身子上有好些肢體，肢體也不都是一樣的用處。」或許有人對保羅不甚熟悉，然而只要到過歐洲大陸就會明白誰是保羅。

凡是信奉基督教的國家，大都會有聖保羅教堂的設立。以倫敦為例，只要搭乘捷運紅線就可抵達站名為聖保羅大教堂的地鐵站，就可前往當地知名景點的聖保羅大教堂，黛安娜王妃與查爾斯王子的世紀婚禮就在此地

舉行，以致讓該教堂更有名。同樣的在美國的費城、澳洲的墨爾本都有聖保羅教堂，巴西則是直接以聖保羅為城市名，當然也就少不了聖保羅教堂。各地有不少聖保羅教堂，是因為聖保羅有特異功能且異於長人之處嗎？若不熟悉保羅，可能沒想到他是以製造帳篷為業。然而當他瞭解他的使命後，就至各地傳教給非猶太人，所以才會在各地看到以聖保羅為名的教堂。

另一位也可以在世界各地看到以他的名建立教堂的，就是聖彼得。受世人敬重的天主教教宗，辦公地點與居所就在梵諦岡的聖彼得大教堂，教堂前的廣場就叫作聖彼得廣場。每年平安夜，就有來自全球各地的天主教徒，有入場券者則可進入教堂內參加由教宗所主持的子夜彌撒，未持入場券者可以在聖彼得廣場看電視牆的同步轉播，一同慶祝耶穌誕生。然而彼得又是什麼樣的大人物呢？為何有許多基督宗教國家，要建造以彼得為名的教堂呢？尤其是俄羅斯，不僅有聖彼得大教堂，教堂所在地就叫作聖彼得堡。

彼得在成為耶穌的門徒之前是漁夫，當時的人大概沒有想到世界各地會有如此多的教堂名為聖彼得。漁夫若非找到他的恩賜，明白他的使命就是讓猶太人相信耶

穌是救主，是生命的主宰。彼得若是真是那麼傑出，又豈會在耶穌被羅馬兵丁逮捕時，三次不承認耶穌是他的師傅。這樣的一號人物，卻能在基督宗教界成為家喻戶曉的人物，這是什麼道理。若非他找到專長並順著神的計畫走，他可能終其一生都在打魚。同樣地，保羅若非找到專長並順著神的計畫走，他也可能終其一生都在製造帳篷。

當然這不意味著打魚與製造帳篷對社會沒有貢獻，畢竟是行行出狀元，且職業無貴賤，但是與搶救失喪靈魂相比，後者的重要性與優先順位的確比前者高出甚多。人們若是在行有餘力之餘，要對社會做出更多貢獻，值得鼓勵。不過在精神與財力有限情況下，做重點工作豈非順理成章之事！在世上還有什麼事，是比讓別人的生命有機會更新與改變，甚至因此找到生命意義還來得更重要呢？

第七章　死後的世界

第一節　死後的去處

　　按照基督教的教義，死後最終的去處有二，不是天堂就是地獄。曾經流傳一個趣聞，有位美國老太太在飛機上看約拿書，其中有記載約拿曾在鯨魚肚裡待了三天後再出來的事蹟。坐在鄰座的男士就問老太太：「你不會相信約拿在魚肚裡待三天是真的吧？」老太太回答：「那就等我上天堂問過約拿後才能最終確認」，男士再問：「若約拿不在天堂呢？」老太太很直白的回答：「那就勞駕你去問了」！這趣聞也說明基督教教義預示人死後的去處。

　　也正因為基督宗教不講究輪迴，所以也就沒有再投胎轉世為人或其他生物的機會，因此人們這一生究竟如何過，就決定未來的去處。進天堂的先決條件就是

相信耶穌，因為「耶穌說：『我就是道路、真理、生命；若不藉著我，沒有人能到父那裏去。』」（約翰福音14:6）、「我對你們所說的話就是靈，就是生命。」（約翰福音6:63）上述兩處經文已清楚表明，若不透過耶穌，就無法到父那裡去，也就是無法進入天堂。

　　新約聖經帖撒羅尼迦前書四章14節講得更清楚：「我們若信耶穌死而復活了，那已經在耶穌裡睡了的人，神也必將他們與耶穌一同帶來。」至於尚未沉睡的人，帖撒羅尼迦前書四章17節也有交待，那就是「以後我們這活著還存留的人必和他們一同被提到雲裡，在空中與主相遇；這樣，我們就要和主永遠同在。」所以進天堂的關鍵在於「相信耶穌死而復活」

　　然而相信耶穌死而復活容易嗎？當然不容易，因為這是在挑戰人類的理性，怎麼可能會有死人復活的事？路加福音廿四章1-11節描述人們對於耶穌復活的反應，「七日的頭一日，黎明的時候，那些婦女帶著所預備的香料來到墳墓前，看見石頭已經從墳墓滾開了。她們就進去，只是不見主耶穌的身體。正在猜疑之間，忽然有兩個人站在旁邊，衣服放光。婦女們驚怕，將臉伏地。那兩個人就對她們說：『為什麼在死人中找活人呢？他

不在這裡，已經復活了。當記念他還在加利利的時候怎樣告訴你們說：人子必須被交在罪人手裡，釘在十字架上，第三日復活。」她們就想起耶穌的話來，便從墳墓那裡回去，把這一切事告訴十一個使徒和其餘的人。那告訴使徒的就是抹大拉的馬利亞和約亞拿，並雅各的母親馬利亞，還有與她們在一處的婦女。她們這些話使徒以為是胡言，就不相信。」

　　連日夜跟隨耶穌並與他一起生活二、三年的弟子，都不相信耶穌死而復活的事，生活在二千多年後之今天的我們要相信這事，談何容易。彼得雖然也是屬於都不相信這事的十一個使徒的其中之一，不過他不愧是耶穌的大弟子，即使心裡也有點不相信，但是他卻會去查證，於是「起來，跑到墳墓前，低頭往裡看，見細麻布獨在一處，就回去了，心裡稀奇所成的事。」（路加福音24-12）彼得查證後「心裡稀奇所成的事」，就代表他相信了。這恐怕也是為何彼得能被後世的人廣泛記得，而其他的門徒反而不太有人認識的關鍵。

　　另一位在基督教界非常重要的傳教士，也就是主要傳教給非猶太人，同樣被後世的人所熟悉的使徒保羅，就曾說過：「若基督沒有復活，我們所傳的便是枉然，

你們所信的也是枉然」（哥林多前書15:14）。換言之，相信耶穌死裡復活，是在死後進天堂的必經之路，若是不想走這條路，當然就進不了天堂。

羅馬書六章4-7節也提到；「我們藉著洗禮和祂（耶穌）一同死了，埋葬了，這樣我們的一舉一動可以有新生命的樣式，正如基督藉著父的榮耀從死裡復活一樣。如果我們和基督一同死了，也必和祂一同復活。我們知道，我們的舊人已經和祂一同釘在十字架上，使轄制我們身體的罪失去力量，使我們不再做罪的奴隸。因為人一旦死了，便脫離了罪。」

不是因為洗禮讓人們與罪隔離，而是相信耶穌才是，洗禮只是儀式，是表明受洗者願意相信耶穌死裡復活，在世時才能減少受到本身罪性的影響，將來離開這個世界後，才能脫離罪進入天堂。就如同當初與耶穌同釘十字架的盜賊一樣，相信耶穌沒有犯罪，是神的兒子，就與耶穌同在樂園裡了。這是一件多麼大的禮物，要賜給相信耶穌死裡復活的人。若人們選擇不相信，因此進不了天堂，又能怪誰！

第二節　死後的審判

「我又看見一位天使（路西弗）從天降下，手裡拿著無底坑的鑰匙和一條大鏈子。他捉住那龍，就是古蛇，又叫魔鬼，也叫撒旦，把牠捆綁一千年，扔在無底坑裡，將無底坑關閉，用印封上，使牠不得再迷惑列國。等到那一千年完了，以後必須暫時釋放牠。」（啟示錄20:1-3）撒旦被釋放後，就「出來要迷惑地上四方的列國，就是歌革和瑪各（俄羅斯），叫他們聚集爭戰，他們的人數多如海沙。」（啟示錄20:7-8）

由此可知，現代社會處處可見爭戰混亂的情況，部分原因是受到撒旦魔鬼迷惑的關係。當然撒旦不會一直迷惑人，而是他本身終究要面臨被審判的命運。「那迷惑他們的魔鬼被扔在硫磺的火湖裡，就是獸和假先知所在的地方。他們必晝夜受痛苦，直到永永遠遠。」（啟示錄20:10）這說明除了撒旦以外，連獸和假先知都要被扔在地獄之中，人們又豈能不有所警惕，避免成為假先知。明明未受到神的啟示發預言，卻為了達到某種目的而行，最後的結果就是與魔鬼一樣被扔在硫磺的火湖裡，痛苦直到永遠，也就是落入地獄中的待遇。

新約希伯來書九章27節指出「按著定命，人人都有一死，死後且有審判。」死後審判的景象可從啟示錄二十章12、15節看到：「我又看見死了的人，無論大小，都站在寶座前，案卷展開了；並且另有一卷展開，就是生命冊。死了的人都憑著這些案卷所記載的，照他們所行的受審判。若有人名字沒記在生命冊上，他就被扔在火湖裡。」被扔在火湖裡就跟魔鬼與假先知的下場一樣，可是為何名字沒有被記在生命冊呢？那些人顯然是不相信耶穌的，否則豈會不透過耶穌到神那裡去！

　　啟示錄二十一章8節也提到，死後審判後將墜入硫磺火湖裡的對象有：「膽怯的、不信的、可憎的、殺人的、淫亂的、行邪術的、拜偶像的，和一切說謊話的，他們的分就在燒著硫磺的火湖裏；這是第二次的死。」第一次死指的當然是肉體的死亡，而第二次死則是靈魂的死亡。由此可知，死後審判的可怕，既然聖經已經正面表列會墜入硫磺火湖的標準，人們若想避免，就要想方設法不要犯那些罪，否則後悔就來不及了！不過在墜入硫磺火湖前，會在陰間停留。

　　路加福音十六章23-24節敘述死後墜入陰間的景象，「後來那討飯的死了，被天使帶去放在亞伯拉罕的

懷裡。財主也死了，並且埋葬了。他在陰間受痛苦，舉目遠遠地望見亞伯拉罕，又望見拉撒路在他懷裡，就喊著說：『我祖亞伯拉罕哪，可憐我吧！打發拉撒路來，用指頭尖蘸點水，涼涼我的舌頭，因為我在這火焰裡極其痛苦。』」財主死了並且埋葬了，代表肉體已經死亡。死後未被天使帶去放在亞伯拉罕的懷裡（樂園），反而在火焰裡極其痛苦，說明顯然是在陰間接受懲罰！

　　討飯的進入樂園，財主卻下到陰間，代表能否進樂園與在世時有多少財富完全沒有關係。當然這也不代表討討飯的一定會進樂園，財主一定進不了樂園，關鍵在於是否相信。一旦相信耶穌是道路、真理、生命，透過耶穌到樂園又有何難之有？與耶穌同釘十架的一位盜賊不就因為相信，而與耶穌同在樂園裡了嗎？然而若只專注於累積財富，而忘記自己必須完成的使命，再加上犯了上述的罪，若未墜入陰間接受懲罰，且在審判後被丟進硫磺火湖，豈非無法彰顯神的公義。試問又有誰要遵行神的旨意呢？

　　當財主「在陰間受痛苦，舉目遠遠地望見亞伯拉罕，又望見拉撒路在他懷裡，就喊著說：『我祖亞伯拉罕哪，可憐我吧！打發拉撒路來，用指頭尖蘸點水，涼

涼我的舌頭，因為我在這火焰裡極其痛苦。』」（路加福音16:23-24）對此亞伯拉罕回答說：「兒啊，你該回想你生前享過福，拉撒路也受過苦；如今他在這裡得安慰，你倒受痛苦。不但這樣，並且在你我之間有深淵限定，以致人要從這邊過到你們那邊是不能的，要從那邊過到我們這邊也是不能的。」（路加福音16:25-26）

財主發現雖然看得見要飯的拉撒路與亞伯拉罕，但卻是處在兩個不能相通的世界，無法彼此相助。經文雖然沒有描述財主當時被拒絕的心情如何，但是可以想見他肯定是懊悔不已，巴不得時間可以倒流，人生可以重來一次，否則他不會說：『我祖啊，既是這樣，求你打發拉撒路到我父家去，因為我還有五個弟兄，他可以對他們作見證，免得他們也來到這痛苦的地方。』（路加福音16:27-28）財主能夠做到「己所不欲、勿施於人」的確不容易，也說明他未失去愛人的心。

只是財主也十分明白，要說服他那五個兄弟悔改並不容易，一定要有出入意外的事件發生才有可能克竟其功，亦即是：「若有一個從死裡復活的，到他們那裡去的，他們必要悔改。」（路加福音16:30）換言之，只有出現死裡復活這樣的神蹟，財主的五個兄弟才有機會

悔改。不過亞伯拉罕對此不以為然地表示：「若不聽從摩西和先知的話，就是有一個從死裡復活的，他們也是不聽勸。」（路加福音16:31）所以悔改的關鍵不在於有無神蹟，畢竟神蹟只是一次的展現，真正要悔改並且走在神的計畫當中，非得對先知的教訓了然於胸才行，否則很可能在神蹟過後就故態復萌！

有如此鮮明的例證擺在人們的面前，就看人們如何選擇。當然人們可以像財主及其五個兄弟一樣，要聽到死裡復活的人前來勸導，才決定悔改，或者是遵行摩西與先知的教導，使本身生命的意義更加明確，也就不枉過了這一生！實際上只要查考聖經，就可明白摩西和眾先知到底說了什麼話，也就可以藉此明白神的旨意。或許人們會懷疑在科技日新月異的今天，幾千年前的人講的話還有用嗎？會不會太老古板了？不過我們知道，真理是不會因時空環境的限制，而減損它原有具備的效力，接下來就是人該做的事了。

新約「陰間」（Hades）的意義與舊約「陰間」（Sheol）相同，按解經家的說法，是指身體死亡後前往一個看不見的境界，也就是未得救者暫時居留之所（如同拘留所），而地獄則是亡靈於大審判後長期囚禁

之所在（如同監獄）。換言之，「陰間」並非亡靈最終的去處，「陰間」不等同地獄；參照啟示錄廿章13節所提及的大寶座前的審判，描述「於是海交出其中的死人；死亡和陰間也交出其中的死人；他們都照各人所行的受審判」，就可明白陰間與地獄差別。

從拉撒路與財主的遭遇可知，「義人」死後被安置於「樂園」（在亞伯拉罕的懷裡），而不義之人被拘留於「陰間」（在火焰裡極其痛苦），陰間與樂園之間可以相望，卻不能相通。所有亡靈要等待至基督再來時之終極審判，那時義人才有另外復活的身體而活在天堂之中，不義之人則在與神隔絕於所謂「地獄」時空內。人到了陰間，有沒有機會再上天堂呢？根據約伯記七章9節的說法：「雲彩消散而過，照樣，人下陰間也不再上來」，是沒有機會的，因此在過世前就要做好決定，以免像財主一樣後悔莫及。

第八章　如何走天堂路

第一節　天堂的景象

　　既然要進天堂，豈能不對天堂的景象有所瞭解。聖經對於天堂硬體建設的描述如下：「城中有神的榮耀，城的光輝如同極貴的寶石，好像碧玉，明如水晶。有高大的牆，有十二個門，門上有十二位天使，門上又寫著以色列十二個支派的名字。東邊有三門，北邊有三門，南邊有三門，西邊有三門。城牆有十二根基，根基上有羔羊十二使徒的名字。對我說話的，拿著金葦子當尺，要量那城和城門、城牆。城是四方的，長寬一樣。天使用葦子量那城，共有四千里，長、寬、高都是一樣。又量了城牆，按著人的尺寸，就是天使的尺寸，共有一百四十四肘。」（啟示錄21：11-17）

　　至於裝飾建築物所用的材料，當然都是世人所看

到最稀有，也最珍貴的，如：「牆是碧玉造的，城是精金的，如同明淨的玻璃。城牆的根基是用各樣寶石修飾的：第一根基是碧玉，第二是藍寶石，第三是綠瑪瑙，第四是綠寶石，第五是紅瑪瑙，第六是紅寶石，第七是黃璧璽，第八是水蒼玉，第九是紅璧璽，第十是翡翠，第十一是紫瑪瑙，第十二是紫晶。十二個門是十二顆珍珠，每門是一顆珍珠。城內的街道是精金，好像明透的玻璃。（啟示錄21：18-21）

　　或許人們會好奇，既然已經上天堂了，一切地上所看得到的物品不是不重要了嗎？為何還要展現珍貴的珠玉寶石呢？相信這都是讓尚未進入天堂明白進入天堂有多麼幸福，可以看到比世上看到的還要華麗，擁有比世上所有的還多，以藉此鼓勵人們可以努力進天堂。就如同耶穌是神，卻降世為人，主要是為人作榜樣，否則以人類有限的認知，是無法認識神的能力。同樣地，若是神在人類尚未進入天堂之前，未將天堂富麗堂皇的面貌呈現在人的面前，人豈不會覺得天堂也不過如此而已，又有什麼值得進入的呢？

　　當然天堂最吸引人的地方，不是在硬體建設及其裝飾，而是「神要擦去他們一切的眼淚，不再有死亡，也

不再有悲哀、哭號、疼痛，因為以前的事都過去了。」（啟示錄21：4），不僅如此，而且「坐寶座的說：『看哪，我將一切都更新了！』又說：『你要寫上，因這些話是可信的，是真實的。』」是什麼的地方，可以讓人不再流眼淚，可以不再有死亡，也不再有悲哀、哭號、疼痛。人生在世面臨老病死，是再正常也不過的事了，可是卻能到一個地方不再有老病死，還有什麼比這樣的待遇更幸福的呢？

神將一切都更新了，卻擔心人不相信，所以要啟示聖者將祂所說的話記錄下來流傳到後世，並且特別強調「這些話是可信的，是真實的」。神如此強調不是沒有道理的，就像當初祂提醒亞當、夏娃伊甸園中任何的果子都可以吃，唯獨分別善惡樹的果子不能吃，然而亞當、夏娃卻不把神說過的話當一回事，違背神的命令，以致後代子孫必須受苦才能存活。神如此苦口婆心地勸人將祂的話當成一回事，可是人卻反其道而行，所造成的結果，自然就得由人類自行來承擔。

實際上只要翻閱舊約士師記、列王記上下、歷代記上下，就可發現有句詞彙不斷地出現，那就是「行耶和華（神）眼中看為惡的事」。神曾經試圖透過重新來過

的方式，即在挪亞的時代以大洪水的方式，讓人類與地球上的生物重新來過，不過人類並未因此得到教訓，否則如何會不斷地「行神眼中看為惡的事」。若非神的憐憫差派耶穌來到世上為人類作榜樣，否則人類要進天堂談何容易。

當然耶穌來到世上除了作榜樣之外，藉此引導人們進入天堂外，另一項重要的任務，就是提醒人們要遵行神的命令。因為耶穌明白表示：「莫想我來要廢掉律法和先知，我來不是要廢掉，乃是要成全。我實在告訴你們：就是到天地都廢去了，律法的一點一畫也不能廢去，都要成全。」（馬太福音5：17-18）耶穌深知，廢了律法或先知受神啟示所說的話，後代人在祂離開之後將沒有規則可依循。舊約智慧書箴言廿九章18節提到「沒有異象，民就放肆」，說明人類是很容易放肆的，必須要一再強調「唯遵守律法的，便為有福」，才能讓人遵守神所頒布的律法。

第二節　為何天堂不容易進

既然神已經為人們做了如此多進天堂的準備，為

何還有許多人進不了呢？其中還包含了已經受洗的基督徒。耶穌說：「你們要進窄門。因為引到滅亡，那門是寬的，路是大的，進去的人也多；引到永生，那門是窄的，路是小的，找著的人也少。」（馬太福音7:13-14）這是同時對眾人及門徒說的，就是再勉勵跟隨他的群眾與門徒，要堅定持守信仰，否則很容易就進入那寬門，因為門檻較低，不需要太多的努力就能進去了，然而進去之後才發現是通往滅亡之門，而不是永生之門。因此耶穌會說：「從施洗約翰的時候到如今，天國（kingdom of heaven）是努力進入的，努力的人就得著了」（馬太福音11:12），就一點也不奇怪！神雖愛世人，但總不能叫人不勞而穫吧！世人還是應該善盡本身的責任，否則豈非對不起那些努力的人？

或許因此有人懷疑，既然已經「因信稱義」，為什麼還要努力呢？若天國是努力的人才可以進入的話，不就代表要不斷地修行才能達成目標，「因信稱義」不就沒有什麼意義了嗎？主要原因是人的罪性或者舊的我，不會因為相信而受洗就完全改變，隨時可能因為外在環境的改變或挑戰，而回復到舊有的狀態，這點可從前述「行神眼中看為惡的事」不斷地在循環得到驗證。更何

況人們口說相信，心裡就一直深信不疑了嗎？在伊甸園中跟神有密切互動的亞當、夏娃都不相信神說過的話，曾跟耶穌朝夕相處的門徒尚且出現背叛耶穌的猶大，以及三次不認耶穌是師父的彼得，沒有與神及耶穌有面對面親密互動的我們，要持守信仰談何容易！

因此耶穌才會說：「凡稱呼我『主啊，主啊』的人不能都進天國，唯獨遵行我天父旨意的人才能進去。」（馬太福音7:21）因為耶穌深知「這百姓用嘴唇尊敬我，心卻遠離我。他們將人的吩咐當做道理教導人，所以拜我也是枉然。」（馬太福音15:8）所以信仰若不能堅持下去，只看重儀式，而不是真正的心裡相信，對進天堂不但沒有幫助，反而是有害！因為撒母耳記上十五章22節提到「聽命勝於獻祭，順從勝於公羊的脂油。」掃羅王就是將獻祭重於聽命，最後連王位都保不住，不就說明只重儀式，不會有好結果嗎？

文士和法利賽人在當代是非常有學問且非常重視基督宗教儀式的一群人，然而耶穌並不讚許他們的行為，還特別提醒群眾及門徒：「我告訴你們：『你們的義若不勝於文士和法利賽人的義，斷不能進天國。』」（馬太福音5:20）這是什麼意思呢？為何義還有深淺之意？

若按照耶穌對文士和法利賽人的評價，很明顯可以瞭解他們的義只是著重宗教儀式的義，而真正的義是發自內心的持守，而非只看重表面上的儀式。不過既然文士與法利賽人的義非真義，為何還可被稱為義呢？

使徒保羅曾在腓立比書一章18節提到：「這有何妨呢？或是假意，或是真心，無論怎樣，基督究竟被傳開了。為此我就歡喜，並且還要歡喜。」耶穌的心情應該和保羅一樣，雖然是表面的義又何妨呢？只要能夠因此讓人靈魂得救，不也是令人感到開心的美事一樁嗎？又有誰能保證相信耶穌久了，不會把參加基督教的各種聚會，只是當成儀式而已呢？耶穌當初對文士和法利賽人的評價，不也在提醒今日的人們不要落入同樣的景況當中嗎？

除了無法持守信仰的人無法進入天堂之外，另外一種無法進入天堂的人，就是上一章提過在陰間受火焰之苦的財主。對此，耶穌對門徒說：「我實在告訴你們：『財主進天國是難的。我又告訴你們：駱駝穿過針的眼，比財主進神的國還容易呢！』」（馬太福音19:23-24）這裡指的針眼當然不是縫衣服的針之眼，而是在耶路撒冷城基於兼顧安全與方便，在夜間城門關了之

後，另外開一扇小門方便一個人夜間通行。試問僅能讓一個人通行的針之眼，駱駝要通過談何容易，但是卻比財主進天堂還容易，這不就代表財主要進天堂難如登天嗎？

有財是種罪過嗎？當然不是，不過有財的人通常會捨不得捨下所擁有的財產。其實在耶穌講財主進天國是難的之前，就對門徒說了少年財主的故事。有位少年財主希望能進入永生的天國，在遵守一切該遵守的誡命之後問耶穌還需要做什麼，耶穌回答說：「你若願意做完全人，可去變賣你所有的，分給窮人，就必有財寶在天上；你還要來跟從我」（馬太福音19:21），「那少年人聽見這話，就憂憂愁愁地走了，因為他的產業很多。」（馬太福音19:22）

可以理解少年財主為何憂憂愁愁地走了，因為要放棄很多的產業並不容易。不論耶穌是說比喻還是真有其事，都代表要提醒當代的人們，進天堂是要付代價的，不是隨隨便便就可做到。一旦人們只看重地上的財寶而不願積財寶在天上，試問進天國的意義那在哪兒呢？耶穌深知人們的弱點，瞭解「一個人不能侍奉兩個主，不是惡這個愛那個，就是重這個輕那個。你們不能又侍奉

神，又侍奉瑪門（財利）。（馬太福音6:24）若是不能輕看財富，豈能看重神呢？若不看重神要如何進天國？

耶穌在馬太福音六章19-21節提到：「不要為自己積攢財寶在地上，地上有蟲子咬，能鏽壞，也有賊挖窟窿來偷。只要積攢財寶在天上，天上沒有蟲子咬，不能鏽壞，也沒有賊挖窟窿來偷。因為你的財寶在哪裡，你的心也在哪裡」。其實這是非常貼心的考慮，知道積財寶在地上會有許多的顧慮，按照解經家的說法「外面環境的變遷會使財富自然地貶值，財富本身也會變質、消耗、磨損，也會因人為因素使財富在不知不覺中流入別人的口袋裏」。既然如此，花那麼多心思在會毀損的事務上，值得嗎？

「財寶在哪裡，你的心也在哪裡」，則更是在提醒人們，人的一生到底最在乎的是什麼，若是只在乎地上的財寶，心就不在天國，既然心不在天國，還有機會進天國嗎？保羅在新約歌羅西書三章2節提醒門徒：「你們要思念上面的事，不要思念地上的事。」實際上是同樣的道理，就是要人們時時為進天國做好準備，當已做好準備，進天國還會難嗎？有道是；「機會是留給準備好的人」，同樣地天國也是為準備好的人所預備的，難

不難就看個人有沒有準備好。對於準備好的人就不難，
對於沒有準備好的人，當然就非常困難！

第九章 長存的事物

第一節 愛會長存

　　有人說世界上有兩件事最公平，一是每個人都只有廿四小時，另一則是每個人都會死亡。既然每個都會離開現在所生存的世界，下一個問題就是人到底要留下什麼，才能不枉費走這一趟！使徒保羅在哥林多前書十三章13節曾提到：「如今常存的有信、有望、有愛這三樣，其中最大的是愛。」換言之，信心、盼望與愛，都能夠留在後世人的心目中，但是最能夠讓人感受深刻的還是愛。

　　原因是保羅指出：「我若能說萬人的方言，並天使的話語，卻沒有愛，我就成了鳴的鑼、響的鈸一般。我若有先知講道之能，也明白各樣的奧祕、各樣的知識，而且有全備的信叫我能夠移山，卻沒有愛，我就算不得

什麼。我若將所有的賙濟窮人，又捨己身叫人焚燒，卻沒有愛，仍然於我無益。」（哥林多前書13：1-3）能夠做到上述說萬人方言、明白各樣奧祕、將所有的賙濟窮人，應該是既有信心且有盼望的人，然而若是沒有愛，就算不得什麼！由此可見，愛才是長存的根本。

不僅如此，耶穌對他的門徒說：「我賜給你們一條新命令，乃是叫你們彼此相愛，我怎樣愛你們，你們也要怎樣相愛。」（約翰福音13:34）會有這樣的命令，恐怕是耶穌深知人與人之間要彼此相愛並不容易。尤其是每個人的成長背景不同，很容易就從自己的角度出發來看事情。因此耶穌會說：「為什麼看見你弟兄眼中有刺，卻不想自己眼中有梁木呢？」（馬太福音7:3）既然我們只看到別人眼中微不足道的刺，卻看不到自己比刺不知道大多少倍的梁木，試問要如何彼此相愛呢？

更重要的耶穌的弟子約翰曾表示：「從來沒有人見過神，我們若彼此相愛，神就住在我們裡面，愛他的心在我們裡面得以完全了。」（約翰一書4:12）耶穌自己也說：「你們若有彼此相愛的心，眾人因此就認出你們是我的門徒了。」（約翰福音13:35）說明彼此相愛是讓尚未相信耶穌的人，可以藉此認識神與耶穌，因為只

有神與耶穌住在人們的心裡面，人才可以超越人的本性去愛那些不可愛的人。彼得前書四章8節提到：「最要緊的是彼此切實相愛，因為愛能遮掩許多的罪」，箴言十章12節也指出：「恨能挑起爭端，愛能遮掩一切過錯。」罪與過錯都能因為愛而顯得微不足道，可以被遮掩，又豈會不讓人懷念久久呢？

　　不管是否為基督徒、天主教徒或非教徒，應該對諾貝爾和平獎得主德瑞莎修女不陌生。她之所以廣為世人所認識，倒不是因為她得了諾貝爾和平獎，而是她建立了「垂死之家」。將那些身患重病卻無法救治的流浪漢，在死亡之前帶至「垂死之家」，讓他們清潔身體換上乾淨衣物，並且飽餐一頓，最後被有尊嚴地送走。若非是出於神與耶穌的愛，德瑞莎修女及其一起工作人員，怎麼能夠做到這樣的地步。約翰曾表示「沒有愛心的，就不認識神，因為神就是愛。」（約翰一書4:8）德瑞莎修女就是因為充分認識神，才有這麼大的愛心。若是一個人沒有愛心卻說認識神，這恐怕是不瞭解神的屬性才會如此說嘴，名字應該也不會被記在神的生命冊上了。

　　當然愛人不代表就沒有了自己，否則「愛人如己」

這句經文就不成立了，畢竟沒了自己如何能夠有做到「如己」。這與「己所不欲勿施於人」、「己之所欲亦施於人」，可謂是有異曲同工之妙。更何況保羅曾提醒：「凡事都不可虧欠人，唯有彼此相愛，要常以為虧欠。因為愛人的，就完全了律法。」（羅馬書13:8）虧欠當然不是欠對方的意思，而是感到愛不夠，要多愛一點。若是世人都多愛一點，多為對方想一點，還會有紛爭嗎？至於愛人就完全了律法，這意味著神基於愛人，才希望以律法來保護人類不受傷害，因此人們若能彼此相愛，也就達成神當初制訂律法的目的，自然也就完全了律法。這恐怕是彼此相愛的人未曾想過的，愛人竟然能夠完全律法。

第二節　神說過的話也會長存

　　除了愛會長存之外，另外一個可以長存的事物就是神的話。耶穌曾說過：「天地會過去，我的話斷不能過去。」（馬太24:35、路加福音21:33）聖經是全世界流傳最廣的書，其中新約的四福音，大部分都是耶穌曾說過的話，被弟子記載下來。如今二千多年過去了，人們

仍然讀著耶穌的話，不就是非常好的證明嗎？未來即使宇宙發生了大變動，改變各個星球運動的軌跡，或者氣候急端化極為嚴重，使得地球不再適合人類居住，也不會讓耶穌的話成為過去，因為人們仍然需要瞭解道路、真理與生命。

或許人們會有疑問究竟耶穌在復活升天之後現在哪裡？新約希伯來書七章24-25節提到：「這位（耶穌）既是永遠常存的，他祭司的職任就長久不更換。凡靠著他進到神面前的人，他都能拯救到底，因為他是長遠活著，替他們祈求。」原來耶穌已經成為天上的祭司，為所以相信神的人祈求。既然耶穌是長遠活著，就長遠為屬神的人祈求。這樣的福份，人們豈能錯過。

此外，也許有人會擔心是否配得讓耶穌祈求呢？同樣是希伯來書，在第四章14-16節說得非常清楚：「我們既然有一位已經升入高天尊榮的大祭司，就是神的兒子耶穌，便當持定所承認的道。因我們的大祭司並非不能體恤我們的軟弱，他也曾凡事受過試探，與我們一樣，只是他沒有犯罪。所以我們只管坦然無懼地來到施恩的寶座前，為要得憐恤，蒙恩惠，做隨時的幫助。」既然人們已經被允許可以「坦然無懼地來到施恩的寶座

前」，也就不必擔心配得或不配的問題，需要擔心的是相信或不相信的問題。只要相信就配得，不相信當然就不配！

畢竟希伯來書十一章6節說得非常清楚，「人非有信就不能得神的喜悅，因為到神面前來的人必須信有神，且信他賞賜那尋求他的人。」若不信，又何必來到神面對呢？神擔心人沒有信心，還特別舉了挪亞的例子，來幫助後代子孫要相信祂。希伯來書十一章7節指出，「挪亞因著信，既蒙神指示他未見的事，動了敬畏的心，預備了一隻方舟，使他全家得救；因此就定了那世代的罪，自己也承受了那從信而來的義。」挪亞若不相信而不造方舟，人類的歷史將要改寫。

當然不是只有耶穌的話長存，神說過的話亦復如此。不只神的話長存，創造天地萬物的神本身也會長存。詩篇一〇二章26-28節提到：「天地都要滅沒，你卻要長存。惟有你永不改變，你的年數沒有窮盡！你僕人的子孫要長存，他們的後裔要堅立在你面前」；希伯來書一章11-12節也指出：「天地都要滅沒，你卻要長存。惟有你永不改變，你的年數沒有窮盡。」不只是神會長存，相信神的子孫也要長存，意味著有永生，豈非

超越人的想像。秦始皇若早知道這消息，就不必派遣徐福至海外求長生不老藥，不是嗎？

啟示錄廿二章13節提到神說「我是首先的，我是末後的；我是初，我是終。」說明祂就是那位創始成終、存到永遠的神。按照神當初創造人的設計，亞當、夏娃是可以在伊甸園中長存的，因為吃生命樹的果子可以延續生命。但是因為亞當、夏娃犯了罪，吃了神吩咐他們不該吃的分別善惡樹的果子，若是再長存的話，簡直就與神無異。所以亞當、夏娃必須接受懲罰而被逐出伊甸園，從此就不再能長存了。

即使不再長存，但是年歲也是非常長的。亞當活了九百三十歲；造方舟的挪亞活得更久，是九百五十歲。即使是比較接近現代人瑞歲數、是猶太人與阿拉伯人共同的祖先亞伯拉罕，也活了一百七十五歲。真正與現代人瑞歲數相仿的，是以色列十二支派的父親約瑟的一百一十歲、帶領以色人出埃及之摩西的一百二十歲，以及接續摩西的任務帶領以色列百姓進入迦南美地之約書亞的一百一十歲。

當然不管相不相信神是天地的主宰，人們生命的歲數都已經被記載在生命冊上了。神也的確提供了讓人可

以在今生活得有意義、活到一定歲數，來生有永生的機會，就看人是否選擇接受。不過關鍵不在於活得長久，而在於活得是否有意義。若活著沒有意義，猶如「死的活人」，活得有意義，即使生命短暫，也可以成為被後世人紀念之「活的死人」。

第十章　結論

　　在「天使與魔鬼」影片結束前，樞機主教團主席
與拯救新任教宗脫離險境的蘭登教授中曾有這麼一段對
話。樞機主教團主席向蘭登教授表示：「感謝神差派某
人來保護祂的教會」，不過蘭登教授對此卻說：「我不
相信神有差派我」，但是樞機主教團主席斬釘截鐵地表
示：「祂有」。從他們二人的對話中就可以看得出來，
信仰與科學的差異。蘭登教授是事事講究證據的哈佛大
學符號學教授，他來到梵諦岡是為了借用一本不外借的
館藏書籍來完成他的研究，卻意外地捲入教宗候選人相
繼被殺的危機中，有智慧地靠著符號學的素養營救了新
教宗，這純粹是一連串的巧合。然而對樞機主教團主席
而言，蘭登教授會在此時此刻出現在此地，剛好遇到梵
諦岡的危機也協助化解了危機，若非神的差派，豈有如
此巧的事，遂將它視為神安排之必然。

　　以上這段對話，其實也就貫穿本書從一開始就要試

圖回答的問題，所有事情的發生究竟是在神之計畫當中的必然，或者是基於許多巧合事件串連起來的偶然。就如同神花了六天的時間創造天地宇宙萬物，創造男人與女人，第七天休息，也就是後來基督教的安息日。這些都是神創造宇宙天地萬物的必然，然而大爆炸理論卻是不知何時就突然出現，出現之後不斷地蛻變，進而形成銀河系以及各星球在其間運轉的規則，充滿了許多偶然性。究竟何種較貼近人們所認識的真理，就看用什麼角度來理解。

　　不過不論你是否為基督徒、天主教徒或是非教徒，都是按著一星期七天，按著西元的紀元在過日子。若按照西元，就代表接受耶穌曾降生在我們生活的世界上；按著一週七天，理應接受神是天地的主宰。然而這世界上有許多人並不相信耶穌，也不相信神，卻仍然按著西元、一星期七天在過日子，這也是蠻特別的景象。實際上科學與信仰本來就有重疊的部分，然而在現代社會卻將之明確二分，以致對科學無法解釋的自然界的奧秘現象找不到答案，甚至誤信假先知的說法而落入不必要的恐懼當中。在20世紀有不少教徒因為聽信教會領袖末日將來，所以選擇以集體自殺方式，來躲避可能面臨之

可怕的末日景象。因此本書希望能夠透過基督教教義的說明，為每個人的安身立命之需要，做出一點貢獻。

因為亞當夏娃犯罪的關係，使人類有了原罪。原罪在現代社會中當然不容易理解，人們會有疑問，為什麼需要為不曾做過的事承擔責任？然而原罪與古代荀子的性惡論有異曲同工之妙，所以也不是那麼令人難以理解。更何況若非有原罪的關係，為何父母與學校沒教的壞習慣，今日的人們卻不學而能呢？神創造的一切原本都是好的，但是因為人墮落的關係而生出了惡。若非神的憐憫，人類可能要重新來過不知多少次。不過人類犯罪被懲罰，必須過「終身勞苦、汗流滿面才得糊口」的日子，似乎也未能從中汲取教訓，改變原有的生活軌跡。因此每隔一陣子就會重複「做神眼中看為惡的事」，應驗了先哲所言人類歷史學到的唯一教訓就是沒歷史學到教訓。

然而神並未因人的犯罪行為而放棄拯救，在整個以色列人的歷史發展過程中，屢屢看到神給以色列百姓第二次、第三次回轉向神的機會，但是也看到以色列民二次、三次沒有把握回轉的機會。想想今日的我們是否也是如此呢？是否在犯同樣的錯誤呢？為了不讓人類持續

在罪惡中打轉，神差派耶穌來到人群當中，為百姓做榜樣，讓人們可以有機會脫離這罪的循環。然而神這個偉大救贖計畫能否成功的關鍵，仍然在於人的回應。人若是選擇不走在神的計畫當中，這個計畫也就沒有實現的可能性。

令人不解的是，只要相信就能得著這白白恩典，就能夠脫離罪的轄制與神恢復和好的關係，為何還有那麼多人未接受這個計畫呢？一是不相信天底下有這麼好的事，擔心接受就會上當。尤其在華人社會從小就被教導「努力未必成功，但不努力一定不會成功」，天底下怎麼會有這種好事？二是完全沒有聽過這樣的好消息，若是這個原因，就代表傳好消息的人不夠認真，未能讓更多人能夠聽到這樣的好消息。努力傳好消息，要比起讓人相信好消息要容易得多。因為人本身自主性的關係，要改變過去的思維模式，實在不是件容易的事，這也是為何全世界的基督徒或天主教徒人數，增加得非常緩慢的原因。

人生在世難免會生病，也會遭遇到苦難。本書也介紹了疾病與苦難的原因與意義，原因是神的管教、魔鬼干擾，以及人的私欲，每種原因都能在聖經經文中找到

確實的證據，但要切記不可混淆神的管教與魔鬼干擾，以免對當事人形成無端的指控。至於它的意義也同樣有三，分別是彰顯神的作為、為了讓人得安慰，以及讓人可以成長。聖經經文「萬事互相效力，讓愛主的人得益處，就是那些奉旨意被召的人」。因為每件事的發生都有它的正面意義與負面意義，正面意義是讓我們可以看到神的作為，負面意義則是可以讓人得安慰及讓自己成長，所以每件發生的事都是好事，都可以「互相效力」（即可以相互提供助力）。

有個寓言故事提到，從前有一位國王非常喜歡打獵，有次打獵手指被野獸咬傷，隨行的宰相對國王說所有發生的事都是好事，國王非常生氣就叫人把宰相關在監牢裡。國王在沒有宰相隨行下再次至野外打獵，不料因為迷路而被食人族擄獲。因國王長得白白胖胖所以食人族要拿來獻祭，正當要獻祭時發現國王手指有傷，不符祭物必須無殘疾的要求，於是就把國王放回宮了，自此國王才明白何為所有發生的事都是好事。不過國王不明白的是，宰相無端被關入牢裡又算什麼好事。宰相對此表示，若未關在牢裡，就必須隨同國王去打獵，被抓到時因為本身沒有殘疾就會被當作祭物來獻，將就此喪

命。然因被關在牢裡而得以存活，不是天大的好事嗎？

　　每個人一生都希望能夠活得精采，不希望庸庸碌碌過一生。但是若在臨終前發問卷，可能有大部分的人都對自己的一生都不怎麼滿意。然而經文不是明示，人在世上的日子尚未度過一日，都已經被寫在神的生命冊上了嗎？既然如此，又為何會庸碌過一生呢？是神發生失誤了嗎？答案當然不是，神是不會失誤的，否則還配稱為神嗎？關鍵在於人未走在神的計畫當中。每個人都是神手中的工作，神當然會負責讓人有特長可以完成被賦予的使命。不過若是人不瞭解自己的使命，也未發覺自己的專長，因此庸碌過一生，應該不能算是神的失誤吧！

　　被世人廣泛記得的彼得與保羅，在成為傳教士前的職業分別是漁夫與織帳篷業者，若非順服神的計畫，很可能終其一生都在打魚與織帳篷，認識他們兩位的也應該只有同業的居多，而不會成為家喻戶曉的傳教士。同樣是傳教士，神也讓他們有不同的專長，所以可以分別成功地傳好消息給猶太人與非猶太人。彼得因為親自在耶穌身學習，所以只要用他親身經歷來傳好消息給猶太人，就非常充分了，不過要傳給對耶穌不太熟悉的非猶

太人，只有自己的經歷可能仍有所不足。因此神就讓對聖經經文非常熟悉的經文師兼帳篷業者保羅，來承擔傳好消息給非猶太人的任務。由此可見，神會預備一切，只要人們願意回應，就能讓人生活得精采！

　　因為基督宗教的教義不講輪迴，所有人死後只有兩個去處，一個是天堂，另一個就是地獄。去天堂的路很簡單也很不簡單，簡單的就是相信耶穌，因為耶穌說他就是道路真理生命，若不藉著他就不能到父那裡去，就是天堂。然而要相信耶穌卻又不是那麼簡單的事，尤其是對信奉多神的華人而言，又更不簡單。因為信奉耶穌是唯一真神，意味著要放棄拜其他神，這對習慣拜多神且把耶穌當成外國人的神的華人而言，真的非常不容易。只是這是通往天堂唯一的路，若想要進天堂必須走這條路，否則就只能走另外一條路。

　　在死後通住天堂或地獄之前，會有一個決定到天堂或地獄之路的審判。神會根據人在世時是否有順服神的旨意而活來下決定，所以並非所有的基督徒都符合這條件。因此那些在世時作惡多端而死不悔改的人，當然就會被丟進硫磺火糊的地獄之中，也就是第二次死亡。除了那些人以外，撒旦也因為作惡多端，以及不斷在世上

迷惑人而必須面臨下地獄的結局。此外，因為假先知以假教義來迷惑人，也將受到與專門迷惑人的撒旦同等的待遇，而必須被丟進硫磺火糊的永死之中。

既然提及天堂路，勢必要以世人能瞭解的方式來形容天堂是如何的富麗堂皇，才有助於一般人因為嚮往天堂的美景而設法取得門票。對於創造天地宇宙外物的神而言，要創造超越人們想像的富麗堂皇，何難之有？只是若人不能體會神如此做的心意，即使神透過聖經介紹更多天堂的美景，也是枉然。實際上神已經把祂該盡的責任都盡了！剩下的就看人如何做選擇了。

在交由人選擇的結果，就是許多人並無法順利進入天堂，原因當然就是不夠努力，因為耶穌說天堂是努力的人才能進得去的，不是所有口喊主啊、主啊就可以進得去的，也不是奉耶穌的名醫病、趕鬼、行神蹟，就可以進天國。然而這樣的標準，似乎與先前講的標準不一樣，不是信耶穌就可以了嗎？口說主啊、奉耶穌的名，不就代表信了嗎？因為神知道人的習性，口說與實際的行為還是有段距離，畢竟有許多人是口說尊重，心卻遠離。實際上是否遵行神的旨意，才是進入天國的不二道路，不是表面上的尊崇而已！這也是本書特別要讓讀者

明白的。

　　人生在世不過數十寒暑，總是希望能夠在離開這個世界時，能夠留下什麼東西讓後人可以懷念。聖經經文講得非常清楚，如今長存的有信、有望、有愛，其中最大的就是愛。只有愛人的事蹟才可以流傳長久，這也就是為何耶穌要給他的門徒一條新命令，就是彼此相愛，因為只有愛可以遮掩一切的過犯，才有機會使人改變。本書舉了諾貝爾和平獎得主德瑞莎修女創立「垂死之家」，讓那些無家可歸的人能夠有尊嚴地離開這世界的故事，目的就在於提醒人們，不用擁有很多，只要願意就可以用愛來祝福別人。留下遺產還可能導致後代子孫為財產而反目成仇，但是留下愛人的軌跡卻能夠讓人無限地懷念，就如同我們今天懷念德瑞莎修女一樣。

　　至於另一項可以留存長長久久的就是神的話與神本身，而聖經就是記載著神與耶穌的話及祂們的作為。世人到如今還在讀聖經，而且許多人讀了聖經以後，生命得著更新與翻轉，這就是神的話與神本身能夠存到永遠的最好證明。聖經經文曾提到神的啟示為：「我是阿拉法，我是俄梅戛，我是首先的，我是末後的；我是初，我是終。」對於這位創始成終、長存到永遠的神，人們

豈能不有更多的認識，否則真的就會白白地走了這一趟。畢竟人們總是希望能找到永恆的事物，既然神已經為我們開了路，若不加以選擇，豈非可惜！

國家圖書館出版品預行編目

基督教與生命關懷 / 戴東清著. -- 臺北市：
　致出版, 2021.12
　　面；　公分
　ISBN 978-986-5573-32-4(平裝)
　1.基督教 2.教牧學

245.2　　　　　　　　　　110021635

基督教與生命關懷

作　　者／戴東清
出版策劃／致出版
製作銷售／秀威資訊科技股份有限公司
　　　　　114 台北市內湖區瑞光路76巷69號2樓
　　　　　電話：+886-2-2796-3638
　　　　　傳真：+886-2-2796-1377

網路訂購／秀威書店：https://store.showwe.tw
　　　　　博客來網路書店：https://www.books.com.tw
　　　　　三民網路書店：https://www.m.sanmin.com.tw
　　　　　讀冊生活：https://www.taaze.tw

出版日期／2021年12月　　定價／240元

致 出 版　　　　　　　　　　向出版者致敬